LENGUAJE CORPORAL

Las personas mienten, pero hay una cosa que nunca lo hace: sus cuerpos

(Aprenda los sentimientos de otros y el significado de su lenguaje corporal)

Cyril Vega

Publicado Por Daniel Heath

© **Cyril Vega**

Todos los derechos reservados

Lenguaje corporal: Las personas mienten, pero hay una cosa que nunca lo hace: sus cuerpos (Aprenda los sentimientos de otros y el significado de su lenguaje corporal)

ISBN 978-1-989853-28-3

Este documento está orientado a proporcionar información exacta y confiable con respecto al tema y asunto que trata. La publicación se vende con la idea de que el editor no esté obligado a prestar contabilidad, permitida oficialmente, u otros servicios cualificados. Si se necesita asesoramiento, legal o profesional, debería solicitar a una persona con experiencia en la profesión.

Desde una Declaración de Principios aceptada y aprobada tanto por un comité de la American Bar Association (el Colegio de Abogados de Estados Unidos) como por un comité de editores y asociaciones.

No se permite la reproducción, duplicado o transmisión de cualquier parte de este documento en cualquier medio electrónico o formato impreso. Se prohíbe de forma estricta la grabación de esta publicación así como tampoco se permite cualquier almacenamiento de este documento sin permiso escrito del editor. Todos los derechos reservados.

Se establece que la información que contiene este documento es veraz y coherente, ya que cualquier responsabilidad, en términos de falta de atención o de otro tipo, por el uso o abuso de cualquier política, proceso o dirección contenida en este documento será responsabilidad exclusiva y absoluta del lector receptor. Bajo ninguna circunstancia se hará responsable o culpable de forma legal al editor por cualquier reparación, daños o pérdida monetaria debido a la información aquí contenida, ya sea de forma directa o indirectamente.

Los respectivos autores son propietarios de todos los derechos de autor que no están en posesión del editor.

La información aquí contenida se ofrece únicamente con fines informativos y, como tal, es universal. La presentación de la información se realiza sin contrato ni ningún tipo de garantía.

Las marcas registradas utilizadas son sin ningún tipo de consentimiento y la publicación de la marca registrada es sin el permiso o respaldo del propietario de esta. Todas las marcas registradas y demás marcas incluidas en este libro son solo para fines de aclaración y son propiedad de los mismos propietarios, no están afiliadas a este documento.

TABLA DE CONTENIDO

Parte 1 1

Introducción 2

Capítulo 1: Detección De Mentiras A Través De Las
Expresiones Faciales 4

Capítulo 2: Detección Del Engaño A Través Del Lenguaje
Corporal 11

EMBLEMAS 12
ILUSTRACIONES 13
IMITACIÓN 14
LO QUE EL CUERPO EVIDENCIA 16

Capitulo 3: Indicadores Verbales De Las Mentiras 19

ESTRUCTURA DE LA EXPRESIÓN 19
FUGAS VERBALES 23
CALIDAD VOCAL 24
ACTITUD 25

Capítulo 4: Consejos! Y Las Mentiras Que Quieres Escuchar
.... 27

LAS MENTIRAS QUE QUIERES ESCUCHAR 28

Capítulo 5: Algunos Ejemplos De La Vida Real Del Lenguaje
Corporal De Los Mentirosos 32

CAMBIOS RESPIRATORIOS 32
CAMBIOS EN LA PIEL 36
SUDOR 38
CAMBIOS DE POSTURA 42
ENCOGIÉNDONOS DE HOMBROS 47
INCLINARSE HACIA ATRÁS 49
INCLINARSE HACIA ADELANTE 51
INQUIETARSE O QUEDARSE DEMASIADO QUIETO 54
CAMBIOS EN LA POSICIÓN DE LA CABEZA 57

EL CABAZAZO TORPE 58
LA CABEZA ARQUEADA 60
EL TRAGO GORDO 63
OCULTAR LAS MANOS Y BRAZOS 65

Conclusión 67

Parte 2 68

Introducción 69

Capítulo 1: El Poder De La Atención 71

Capítulo 2: Postura 74

Capítulo 3: Expresiones Faciales 78

Capítulo 4: Gestos Manuales 92

Capítulo 5: Brazos 102

Capítulo 6: Moverse 106

Capítulo 7: Cómo Identificar A Un Mentiroso 110

Capítulo 8: Abrir Camino 125

Capítulo 9: Lenguaje Corporal En El Trabajo 133

Capítulo 10: Úsalo En Tu Beneficio 145

Conclusión 151

Parte 1

Introducción

Hola, quiero agradecerte y felicitarte por descargar el libro, Este libro contiene pasos y estrategias probadas sobre cómo separar fácilmente la verdad, la honestidad y los hechos; de las mentiras, la deshonestidad y la ficción. Descubre los secretos que la gente te está ocultando.

Sé lo que es ser herido por las mentiras de otra persona. Es cruel y confuso y los efectos del engaño son profundos. Muchas veces antes, me he quedado angustiado por lo que me pareció una injusticia. El engaño estaba, y sigue estando, a nuestro alrededor. Lo vemos en el romance, las asociaciones de negocios, los vecinos, la familia, los medios de comunicación, los jefes, los políticos, las figuras religiosas, y en la sociedad en su conjunto. Pero ver esta deshonestidad y no aprender a manejarla es un perjuicio para nosotros mismos. Decidí ponerme de pie y tratar de iluminar la honestidad. A través del tiempo y la dedicación aprendí a dejar de mentir. En este libro, quiero enseñarte cómo saber si alguien está mintiendo. Las señales pueden ser evidentes como también ocultas, pero no importa qué, pueden ser detectadas. Identificarlos puede llevarnos a superarlos y a protegernos a nosotros mismos y a nuestros seres queridos de ser conducidos por un camino de dolor. Ya sea que resuenen con algunos, todos o ninguno de mis pensamientos, creo honestamente que este libro puede ayudarle a descubrir la verdad y el engaño en la gente.

¡Sigue leyendo para destapar la verdad!

¡Gracias de nuevo por descargar este libro, espero que lo disfruten!

Capítulo 1: Detección de mentiras a través de las expresiones faciales

El renombrado psicólogo Paul Ekman ha seleccionado nueve indicadores faciales como pistas confiables para el engaño o las mentiras.

1. Micro expresiones: En sus estudios, Ekman fue capaz de detectar expresiones involuntarias que pueden aparecer en la cara de cualquier persona durante una fracción de segundo. Ekman llamó a estas expresiones micro faciales "filtraciones"; son el verdadero sentimiento de cualquier persona.

P. ¿Puedes trabajar unas horas más hoy? Un cliente importante acaba de llamar y pidió trabajo adicional.

R. Absolutamente! No hay problema.

Micro expresión: La cólera aparece momentáneamente en tu cara mientras piensas: "No me gusta hacer trabajo extra".

Las micro expresiones son sutiles y minúsculas, pero si prestas mucha atención, puedes detectarlas fácilmente.

Aunque el orador no lo sabe, está haciendo una señal clara en su cara que dice: "Estoy a punto de mentir".

2. Expresiones forzadas: El segundo indicador facial de mentiras ocurre cuando una persona está tratando de ocultar sus emociones, pero a diferencia de la micro expresión, una expresión aplastada incluye la señalización de múltiples emociones, y a menudo se realiza a propósito. Por ejemplo, tienes un miembro molesto en tu grupo de libros, te gusta ayudarlo, pero a veces no puedes evitar gritarle y es por eso que tu sonrisa forzada hacia él se convierte en una mueca. Cuando alguien quiere ocultar sus verdaderas emociones, tratará activamente de encubrirlas con otra expresión. En la mayoría de los casos la expresión de enmascaramiento es una sonrisa. Una sonrisa es la expresión facial voluntaria más fácil que una persona puede hacer y a menudo se utiliza para disfrazar sentimientos negativos.

3. Patrones musculares fiables: Los patrones musculares confiables son la tercera indicación para que tú midas si

alguien está mintiendo o no. Algunos músculos faciales son fáciles de controlar, como las cejas, pero los músculos confiables no son fáciles de controlar. El músculo orbital del ojo, que tensa los párpados y crea patas de gallo en las esquinas exteriores del ojo, es realmente difícil de mover deliberadamente a una "posición de sonrisa" perfecta. Como regla general, sólo la felicidad genuina en una persona puede producir una sonrisa genuina. La cara de una persona debe estar comprometida cuando sonríe. Si está juzgando la sinceridad de una sonrisa, mira la combinación de las esquinas de los labios estirados, los labios estirados y los músculos tensos de las mejillas. Si usted no ve las patas de gallo alrededor de los ojos también, lo más probable es que sea una sonrisa falsa. Si quieres saber si una persona está realmente arrepentida o afligida, la barbilla inmóvil y los labios caídos son los signos de un patrón muscular fiable que lo indica. El estudio cuidadoso de toda la cara es crucial para detectar el engaño.

4. Intervalo de parpadeo: Los buenos mentirosos son hábiles para mirar a los ojos de sus oponentes. Contrariamente a la creencia popular, las frecuencias de parpadeo son un indicador mucho más útil de honestidad que el contacto visual. El parpadeo puede ser deliberado o involuntario, pero las personas que están tratando de engañar a menudo parpadean más de lo que parpadean cuando dicen la verdad.

5. Dilatación de la pupila: La dilatación de la pupila es un indicador fiable de la emoción de una persona. Una pupila dilatada inusualmente grande indica que la persona está exaltada. Básicamente, nadie puede controlar el tamaño de sus pupilas. Una persona con pupilas anormalmente dilatadas puede estar sintiendo ira, miedo u otras emociones que no puede ocultar.

6. Lágrimas: Las lágrimas son indicadores muy obvios de emociones como la tristeza, la angustia y, en algunos casos, la felicidad o la diversión. Para la mayoría de nosotros, las lágrimas simplemente muestran que

uno siente mucho por algo. Para algunas personas, las lágrimas no son difíciles de fingir. Así que tome nota de las lágrimas, pero no llegue a una conclusión basada sólo en ellas.

7. Expresiones asimétricas: Con la excepción del desprecio, la emoción genuina usualmente se presenta de manera bastante simétrica. Cuando una persona hace una expresión deliberada, a menudo está desequilibrada. Tendemos a anular los movimientos naturales de nuestros músculos faciales mientras intentamos expresar una emoción que en realidad no sentimos. Como resultado, surge una expresión asimétrica como una fosa nasal ligeramente levantada o una sonrisa torcida. Las expresiones asimétricas son relativamente fáciles de detectar incluso para un principiante. A diferencia de otras expresiones, la expresión de desprecio está cargada de significado. Una expresión despectiva normalmente significa sentirse moralmente superior a los demás. Usted

puede detectar el desprecio en la cara de una persona a través del giro de los ojos, una arruga en la nariz o una fosa nasal levantada al lado de un labio superior encorvado.

8. El momento adecuado: El momento preciso de una expresión facial en relación con otras expresiones vocales o corporales puede ser revelador. Los verdaderos indicadores emocionales de una persona suelen expresarse simultáneamente, mientras que los indicadores artificiales se producen en rápida sucesión. Por ejemplo, una persona que finge estar enojada puede cruzar los brazos y luego fruncir el ceño. Si realmente está enojado, el movimiento de los brazos y el ceño fruncido habría ocurrido al mismo tiempo.

9. Duración: La duración de una expresión es relevante para detectar una mentira. Las expresiones genuinas de emoción suelen durar menos de cinco segundos y rara vez persisten más de diez segundos. Una sonrisa prolongada es probable que oculte ansiedad, ira u otra emoción negativa; también indica que

podría estar tratando de averiguar qué decir a continuación.

10. Intuición: Detectar mentiras implica más que observar las expresiones faciales. Los indicadores faciales son indicadores confiables, pero obviamente tú entiendes que una sonrisa torcida de alguien no lo convierte en un mentiroso. Una investigación llevada a cabo por la Universidad de Northwestern demostró que a veces, sin darse cuenta de ninguna micro expresión, nuestra actividad cerebral se ve afectada por la apariencia fugaz de la cara de alguien. Esto cambia nuestra percepción y comportamiento hacia otra persona. En otras palabras, el hecho de que no identifiquemos una micro expresión no significa que no sintamos inconscientemente el engaño.

Confía en ti mismo y si tu instinto te dice que alguien no está siendo honesto contigo y te está dando una sonrisa asimétrica o parpadeando mucho, ¡cuidado!

Capítulo 2: Detección del engaño a través del lenguaje corporal

Lo que los interrogadores profesionales y otros observadores de mentiras realmente buscan cuando observan el lenguaje corporal de alguien se conoce como "fuga emocional". A menudo somos conscientes de cómo nuestra cara muestra emoción, y tratamos de controlarla. Una persona que está preparada para mentir puede darse cuenta de que estará nerviosa mientras habla y tratará de evitar mostrar ansiedad y parecer relajada. El problema para los mentirosos es que no siempre podemos anticipar nuestros sentimientos; nuestras emociones nos cogen por sorpresa. Esto es especialmente cierto cuando se nos dice o se nos pregunta algo para lo que no estamos preparados.

Las tres grandes fugas emocionales

o Emblemas

o Ilustraciones

o Imitación

Emblemas

El signo en "V" que haces con los dedos o el "dedo" que ofensivamente le haces a un tipo egoísta o la señal de mano en alto que le das a alguien cuando necesitas un ascensor, son emblemas. Los emblemas son señales que tienen un significado independiente sin palabras habladas. Son específicos y deliberados y pueden reemplazar completamente una frase o una palabra.

La expresión genuina de una persona suele ser equilibrada, pero las expresiones artificiales suelen estar desequilibradas. Lo mismo puede decirse de los emblemas, cuando los mentirosos usan emblemas, suelen estar incompletos o ejecutados con torpeza. Un encogimiento de hombros naturalmente equilibrado significa "No me importa o no sé". Un encogimiento de hombros a medias puede indicar deshonestidad.

Cuando un gesto o emblema parece poco natural o desequilibrado, esto puede revelar que alguien está tratando de ocultar sus verdaderos sentimientos. Un empleado que dice que no está molesto con nada, pero que muestra una señal de "sí" reacio, probablemente no está siendo honesto sobre lo estresado o enojado que se siente. Los emblemas difieren de un país a otro y de una cultura a otra. Así que no juzgues a la gente de otro país o cultura basándose en los mismos emblemas.

Ilustraciones

Los ilustradores son signos y gestos que están directamente relacionados con el habla. Se utilizan para resaltar un punto hablado, para repetir o dar importancia a su significado. A diferencia de los emblemas, los ilustradores no pueden valerse por sí mismos; nosotros los utilizamos para resaltar nuestras palabras. Por ejemplo, si alguien te pregunta por la dirección de la cafetería más cercana y sólo apuntas con la mano, usas ilustraciones.

Al igual que los emblemas, el uso de ilustradores tiende a declinar cuando alguien intenta mentir. Cuando una persona está pensando mucho sobre lo que está diciendo, su enfoque está en crear y preservar su historia a través de las palabras. No tiene ningún apego emocional a lo que está diciendo. Los ilustradores surgen de la emoción genuina detrás de las palabras, cuando la emoción y los sentimientos no están ahí, el gesto también está ausente.

Imitación

El imitar es una forma de mostrar que te sientes cómodo con otra persona. Cuando una persona se sienta cómoda en tu presencia, copiará o reflejará tu lenguaje corporal y mostrará señales posturales de que está participando en la conversación. Se inclinará en la silla de la misma manera que tu o se inclinará cuando tú lo hagas, o sonreirá cuando tú sonrías.
Durante el transcurso de una discusión, las personas que se sienten cómodas con la presencia del otro sincronizarán aproximadamente su tono de voz, sus

patrones de habla e incluso su respiración. Ya que el imitar es fácil de realizar, muchos sitios web para citas y libros sugieren que las personas imitan los movimientos corporales y el comportamiento de sus compañeros. La imitación es fácil de lograr, pero los mentirosos a menudo son detectados porque no reflejan su comportamiento.

Cuando alguien está tratando de evitar comunicarse o sentirse incómodo, hará gestos que son totalmente opuestos a los tuyos, como si te apoyaras en el sofá, pero tú contraparte permanecerá quieta y no se relajará. Él te dará respuestas a tus preguntas, pero es muy posible que esté tratando de engañarlo. Permítase tener una visión clara del cuerpo, las piernas y especialmente la cara de una persona cuando se le juzgue por un posible engaño. Esto aumentará tus posibilidades de detectar mentiras.

Lo que el cuerpo evidencia

Lo siguiente son ocho claves de lenguaje corporal para observar y entender:

1. Asiente con la cabeza: El emblema de asentir con la cabeza que los estadounidenses conocen como una señal de "Sí" mientras alguien habla, normalmente significa "Sí, te escucho" y no necesariamente "Sí, estoy de acuerdo contigo".

2. Palmas abiertas: Una postura que incluya palmas abiertas y volteadas no es amenazante sino acogedora. Indica honestidad y receptividad hacia el interlocutor. Por otro lado, la autoridad del proyecto de las palmas hacia abajo y las palmas ocultas significan que oculta algo.

3. Formar una campana con las manos: Durante una conversación, el hecho de que los dedos se toquen ligeramente entre sí en forma de campanario de la iglesia es una forma simple y no verbal de mostrar confianza, incluso superioridad. Este gesto puede ser positivo o negativo.

4. Un apretón de manos con la palma

hacia abajo: Un movimiento favorito de una persona segura y dominante es presentar la palma de la mano hacia abajo para un apretón de manos, poniendo instantáneamente a su oponente en una posición de sumisión.

5. Brazos cruzados: Una posición de brazos cruzados (al revés de las palmas abiertas) indica una actitud negativa o defensiva.

6. Cruce de tobillo: Al igual que los brazos cruzados, el gesto decruzar las piernas sugiere incertidumbre, repliegue o miedo. Se ve a menudo en las salas de interrogatorios o en las sillas de los dentistas.

7. Postura de piernas separadas: El aspecto de los atletas y jugadores profesionales antes del partido, este gesto predominantemente masculino resalta la zona de la entrepierna y sugiere dureza y dominio.

8. Recoger pelusas: cuando una persona se da la vuelta para recoger cualquier pelusa real o imaginaria de su ropa, esto sugiere que desaprueba o está en desacuerdo con

lo que está viendo o escuchando.

Detectar mentiras no se trata sólo de micro expresiones y lenguaje corporal; es necesario analizar las palabras reales de una persona. En el próximo capítulo, vamos a discutir todo sobre el tema.

Capitulo 3: Indicadores verbales de las mentiras

Mentir es un trabajo duro. Según el investigador sueco Aldert Vrij, "los mentirosos tienen que pensar en respuestas creíbles, evitar contradicciones y decir una mentira que sea consistente con todo lo que el oyente sabe o puede averiguar". Tienen que hacer todo esto sin cometer errores y sin mostrar nerviosismo. Para detectar los indicadores verbales de mentira, los analistas de engaño prestan mucha atención a cuatro características del habla:
· Estructura de la expresión
· Fugas verbales
· Calidad vocal
· Actitud

Estructura De La expresión

La estructura de la expresión de una persona -su elección exacta de frases o palabras- es un buen indicador de un posible engaño. Sin embargo, hay que recordar una cosa: cualquier factor mental o físico, como el estrés, la fatiga, el hambre, la preocupación por un miembro de la familia, etc., puede afectar la forma en que alguien se expresa la persona.

Hay varios tipos de declaraciones que los mentirosos usan para desviar sospechas o evadir preguntas:

Expresiones de loros: Cuando le haces una pregunta a alguien y él te la repite, puede que se esté demorando para ganar tiempo y pensar en cómo quiere responder. Por ejemplo, si preguntas "¿Dónde estuviste anoche? y escuchas: "¿Dónde estuve anoche? Estaba en casa de mis padres", presta atención. No obtuviste una respuesta simple, como: "Estaba en casa de mis padres".

Expresiones de culpabilidad: Una expresión de culpabilidad es una táctica que los mentirosos usan para ponerte a la defensiva. Supongamos que le pregunta a uno de sus empleados cuál es la salida que suele usar cuando se va después del trabajo. Y ella sigue con la ofensa y dice: "No te preocupes, no me iré temprano."

Expresiones de protesta: Una mentirosa

usa una declaración de protesta y le recuerda que su historial demuestra que es una empleada honesta y obediente.

P: "¿Qué salida utiliza habitualmente cuando sale del edificio después del trabajo?

R: Normalmente la puerta trasera. He sido un empleado trabajador y honesto durante 5 años. ¿Por qué me haces este tipo de preguntas?

Muy pocas o demasiadas expresiones: En un par de segundos antes de que cualquier persona se prepare para responder a una pregunta, ella juzgará consciente o inconscientemente cuál será la mejor respuesta posible. Podría decir demasiado poco como "no mucho" "o "no interesado". Otras veces, ella puede responder con una respuesta larga y ocultar el hecho real de laafirmación.

Reforzar las expresiones: Los mentirosos deliberadamente quieren sonar convencidos y serios. Ellos añadirán frases como:

"Juro por Dios que anoche estuve con Jon"
"A decir verdad, también pensé que estos

números no cuadran."

Los psicólogos han encontrado que los mentirosos a menudo usan estas frases cuando tratan de evitar la sospecha.

Expresionesdistantes: A nadie le gusta pensar que es un tramposo, un mentiroso o un criminal. A menudo hacemos todo tipo de gestos mentales y verbales para evitar un escenario como este. Por ejemplo, un vendedor que intenta vender un portátil inferior podría decir "este modelo es muy popular, se vende todo el tiempo". Nótese que el vendedor evita usar "yo" y se saca totalmente de la conversación. Un vendedor honesto diría: "Sé que es un modelo muy popular, lo vendo todo el tiempo". Las declaraciones distantes son un sello distintivo del discurso deshonesto.

Eufemismos: Los eufemismos son también una forma de distanciamiento del lenguaje. Una persona honesta que se enfrenta a una pregunta directa como: "¿Robaste mi dinero?" contestará directamente: "¡No te robé nada!". Sin embargo, un culpable podría responder:

"Yo no te quité nada". Note la sospechosa falta de emoción en su negación. Además, la persona ha cambiado la palabra "robar" por la moderada "tomar", una posible señal de que te está mintiendo.

Fugas verbales

Las fugas verbales son básicamente los errores que las personas cometen cuando gastan tanta energía cognitiva en preservar sus mentiras que sus cerebros se esfuerzan por mantener un registro de lo que están diciendo en realidad: "Ahs" y "Ums", uso gramatical inconsistente, y muchos otros errores verbales caen dentro de esta categoría.

Se me escapa la lengua: Un desliz de la lengua es básicamente un error en un discurso que traiciona un sentimiento, pensamiento o deseo inconsciente por parte del hablante.

Denegaciones sin contrato: Los mentirosos a veces usan la gramática formal más de lo que normalmente lo haría. Por ejemplo, decir "Yo no estuve allí" en lugar de decir

"No estuve allí". Cuando una persona inocente es acusada de algo que no hizo, su primer instinto es rechazar la acusación tan enérgicamente como pueda. Por ejemplo, "¡No lo hice!", o "¡No la toqué!"

Denegaciones específicas: Una persona que está diciendo la verdad tiende a negar categóricamente cualquier maldad. "Llevo más de veinte años en el negocio y nunca he suministrado productos de calidad inferior a ninguno de mis clientes. No hacemos negocios turbios y no tenemos intención de empezar ahora". Los mentirosos prefieren ser mucho más precisos: "No producimos productos de baja calidad".

Calidad vocal

La calidad vocal de una persona es el indicador menos confiable. A continuación, se presentan algunas pistas que sugieren engaño:

o A veces la voz toma un tono más alto
o Largo retraso antes de hablar
o Hablar a un ritmo inusualmente más

lento, con más dudas y errores.
"("Ahs y Ums")
o La voz se tensa o se tensa gradualmente
Todas estas pistas dependen en gran medida de la interpretación. Lo que suena tenso o forzado para una persona puede sonar perfectamente normal para otra. Además, si alguien siente que está bajo escrutinio, puede hablar de una manera poco natural para complicar las cosas. Esta es la razón por la que debe considerar la calidad de la voz sólo en conjunción con otros indicadores verbales, el lenguaje corporal y la expresión facial.

Actitud

Escuche atentamente el habla de una persona y luego da un paso atrás mentalmente para considerar lo que la combinación de pistas verbales, expresiones faciales y lenguaje corporal te indica. La actitud es un indicador crucial a la hora de detectar mentiras. ¿Está la persona interesada en responder a una pregunta o resolver un problema? ¿Es evasivo o franco? ¿Qué tan seguros son sus sonidos vocales? Una persona engañosa puede ser cautelosa e indecisa a la hora de negar o reconocer firmemente cualquier cosa que te sugiera sobre su comportamiento o acciones.

Una persona sincera cooperará con confianza desde el comienzo de la conversación y te indicará que está de tu lado. Si la persona en cuestión se pone nerviosa, presta atención al tiempo que tarda en establecerse. Cuando se le acusa injustamente, una persona inocente se enoja y pasa a la ofensiva porque no tiene nada que ocultar. Por otro lado, los mentirosos se pondrán extremadamente a la defensiva porque tienen algo que ocultar. Ellos responderán con algo como "¡No puedo creer que me estés acusando así!" Ellos hacen una gran cosa de esto y rápidamente se calman una vez que creen que han logrado convencerte de que les estás causando una profunda angustia emocional con preguntas innecesarias.

Capítulo 4: Consejos! Y las mentiras Que Quieres Escuchar

Unos cuantos consejos más para ti:

o Esconder los ojos o la boca: Una persona engañosa a menudo esconde sus ojos o su boca cuando miente. Esta es una tendencia natural de algunas personas a cubrir una mentira. Esto es también un intento de protegerse de la reacción de una mentira.

o Tragar o despejar la garganta: Durante el interrogatorio, si una persona se aclara la garganta o realiza una deglución digna de mención, eso es una señal potencial de que algo está mal. La pregunta podría haber sacudido un nervio y de ahí esta reacción.

o Movimiento cara a cara: Observe lo que una persona hace con su cabeza o región de la cara durante el interrogatorio. Los signos del cuento de hadas están tirando de los labios o de las orejas, mordiendo o lamiendo los labios. Estos movimientos son los intentos de nuestro cuerpo para liberar la ansiedad y pueden mostrar a otros que la persona en cuestión está nerviosa.

o Gestos de aseo personal: Los gestos de aseo son signos de nerviosismo y ansiedad. Al responder a una pregunta, un hombre deshonesto puede ajustarse las gafas, los puños de la camisa o la corbata. Una mujer engañosa podría enderezar su falda o mover algunos mechones de cabello detrás de su oreja. Hay otras cosas que usted puede notar. Por ejemplo, usted hace una pregunta y de repente la persona se ocupa con su teléfono o el vaso de agua está demasiado cerca o el bolígrafo no está en el lugar correcto.

Las Mentiras Que Quieres Escuchar

La vida es complicada y estresante y a veces la verdad simple y llana no es suficiente para animarte a poner un pie delante del otro y seguir adelante con tu vida. Mentiras o aliento que usted quiere escuchar incluyen:
- Todo estará bien: Usted sabe que todo

no va a estar bien, especialmente si tuviste un accidente tienes serios problemas de dinero. Vas a sufrir durante los próximos días. Pero los problemas no significan que este sea el final del camino para ti. Las cosas cambiarán y usted lo sabe, pero cuando te encuentras en una situación difícil, necesita inspiración y aliento de los miembros de su familia y amigos. Los comentarios de ellos te ayudarán a pasar los días oscuros de tu vida.

- No hay nada que temer: Es un mundo peligroso y hay muchas cosas que temer. ¡Pero esto no significa que no deba salir de su casa! Necesitas vivir tu vida normalmente, aunque algo desafortunado pueda sucederte en cualquier momento. Vives tu vida tan normalmente como puedes y cuando las cosas malas suceden te enfrentas a ellas. Vivir una vida con preocupación crónica y miedo no es vivir en absoluto.

- Si eres una buena persona, te sucederán cosas buenas: ¡Otra mentira! Realmente, la vida no es justa y lo sabes, pero un poco de ánimo no te hará daño. Cuando tú estás profundamente deprimido, comentarios como estos te ayudarán a salir adelante. Cualquiera que sea la situación, las cosas cambiarán para ti y tienes que creerlo.

- Puedes ser lo que quieras ser en la vida: Pocas veces en la vida puedes ser lo que quieras ser en la vida. No puedes ser millonario o una superestrella del deporte sólo porque quieras serlo. Pero no hay nada malo en intentarlo. Sueña a lo grande y alcanza las estrellas.

- El amor es todo lo que necesitas: El amor es importante en la vida. El amor a los miembros de la familia y a los amigos íntimos son tesoros preciados en la vida de cualquier persona. Pero el amor por sí solo no puede sostenernos. El amor no garantiza la comida, la ropa o la seguridad de un hogar. Trabajamos duro para ganarnos la vida y volver a casa con nuestros seres queridos. El amor y los ingresos se complementan mutuamente y ustedes necesitan ambos en su vida.

Capítulo 5: Algunos ejemplos de la vida real del lenguaje corporal de los mentirosos

Cuando vayas a analizar el lenguaje corporal de un mentiroso en un escenario de la vida real, necesitas observar cuidadosamente todos los movimientos y cambios en su respiración, brazos, manos, pies, piel, postura, posición o postura. En este capítulo vamos a discutir algunos ejemplos de la vida real del lenguaje corporal que revelan que alguien es deshonesto o miente.

Cambios respiratorios

Los cambios en el patrón respiratorio son a menudo lo primero que notará cuando alguien miente. Cuando las personas están tranquilas y relajadas, y no tienen que preocuparse por lo que están diciendo, respiran normalmente y podrás ver un patrón de respiración constante - su abdomen moviéndose hacia arriba y hacia abajo normalmente a medida que el aire entra y sale de sus pulmones. Pero cuando alguien está mintiendo, o mostrando algunos signos de deshonestidad, a menudo respirará de tal manera que verá sus hombros y la parte superior del pecho levantarse y caer, en lugar de ver el abdomen moverse hacia arriba y hacia abajo.

Cuando alguien es deshonesto, a menudo es visible en la parte superior del pecho, lo que indica ansiedad y nerviosismo. Un ejemplo perfecto es la entrevista que Lance Armstrong dio cuando confesó a Oprah Winfrey que en realidad se había dedicado al dopaje. Mientras que en la entrevista parecía franco en muchas de las cosas que revelaba, de vez en cuando un observador agudo podía detectar una tensión visible en sus hombros mientras respiraba con ansiedad. Esto indica que no estaba siendo completamente honesto al responder a las preguntas de Oprah.

Cuando alguien es engañoso, a menudo lo verás inesperadamente hinchando sus mejillas mientras exhala. Este proceso se conoce como oxigenación. Tu sistema nervioso autónomo está trabajando intensamente para dominar una repentina acumulación de dióxido de carbono en su sistema. Por lo tanto, inmediatamente respira profundamente y luego lo sopla para recuperar el equilibrio en su cuerpo. Este proceso ayuda al mentiroso a liberar la acumulación de tensión causada por la mentira y recuperar su compostura. Así que este estallido de aire es a menudo una gran señal de advertencia cuando se trata de detectar una mentira.

Arriba vemos una foto del infame O. J. Simpson en la corte durante su juicio de 2008 por robo, hurto y asalto en Las Vegas Clark Country Regional Justice Center. Observa cómo su pecho se expande y se eleva mientras llena sus pulmones de aire, y sus mejillas se hinchan mientras se prepara para liberar una repentina ráfaga de aire con el fin de oxigenarse y liberar el estrés y la tensión abrumadores.

Esta foto fue tomada el día que un jurado fue seleccionado para el juicio. O.J. tiene una amplia experiencia en la sala del tribunal y conoce la importancia de la selección del jurado antes de que comience el juicio. Su repentina e intensa ráfaga de aire y su respiración torácica superior ilustran el estrés y la ansiedad que estaba experimentando durante el proceso de selección del jurado.

Cambios en la piel

Cuando las personas mienten, a veces se notan cambios en su piel, en términos de la presencia de sudor y el color de la piel. En los individuos de piel más clara, la piel puede mancharse, enrojecerse o ruborizarse. Normalmente se puede ver el enrojecimiento en la nariz y en las mejillas, pero el enrojecimiento también puede aparecer de manera uniforme en toda la cara, desde el cuello hasta la frente, así como en las orejas. El rubor o enrojecimiento puede variar de un rosa pálido a un rojo muy oscuro. Este inesperado cambio de color es el resultado de un aumento de la adrenalina y de los cambios simultáneos en capilares y vasos sanguíneos. En los individuos de piel más oscura, la piel puede volverse más asidua o más pálida.

 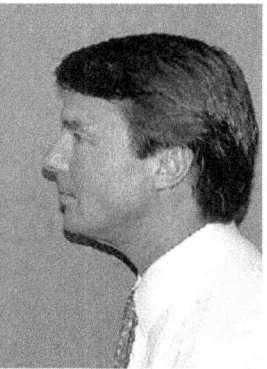

Aquí podemos ver la foto del humillado y deshonrado ex senador y candidato a la vicepresidencia John Edwards, cuando fue arrestado por fraude financiero. Como puedes ver con una sonrisa falsa, él está tratando de decir que está feliz y que todo está bien. Aunque sus labios sonrían, se nota que es una sonrisa falsa. Su aparente felicidad también es refutada por la piel oscura y manchada en su cara y en los lados del cuello. En la foto original, su rubor es mucho más obvio, con toda su cara de color rojo-rosado asertivo.

Es posible que haya visto enrojecimiento en las mejillas, orejas y nariz de un mentiroso cuando siente que su mentira está a punto de ser descubierta por otros. La piel de Lance Armstrong es normalmente bronceada, pero el contraste de rojeces en la nariz, las orejas y los lados del cuello durante la entrevista reveló el rápido cambio en su sistema nervioso autónomo y el consiguiente aumento del flujo sanguíneo. Junto con un súbito enrojecimiento de color, las venas pueden aparecer en la frente porque también se agrandan debido al aumento del flujo sanguíneo y la presión.

Sudor

La transpiración en la cara a menudo indica engaño. El sudor suele aparecer en la frente, las mejillas, la nariz, el labio superior y el mentón. En la foto anterior de John Edwards, se puede ver fácilmente el brote visible de transpiración en su cara mientras presenta una cara feliz para su foto. El sudor en la cara es el resultado de que el cuerpo genera calor, lo que también causa el enrojecimiento y el rubor simultáneo. El cuerpo trata de enfriarse y el sudor es liberado a través del cuerpo y la cara.

Curiosamente, los músculos del labio superior normalmente se tensan durante el engaño y es por eso que no es raro ver que las gotas de sudor se acumulan en esta área. Esto es a menudo una indicación clara de que la persona está mintiendo. En la foto de arriba, mientras todos notamos el enfadado señalamiento de Clinton con el dedo, pocos observadores perspicaces pudieron ver que también estaba sudando profusamente mientras respondía a las preguntas. Mira de cerca la foto de arriba, y puedes ver pequeñas gotas de sudor y brillo sobre su labio superior.

Al igual que el presidente Clinton, Armstrong también sudaba mucho cuando concedió entrevistas en sus días de carreras de bicicletas. Un ejemplo es su entrevista de 2006 con ESPN.com, donde las gotas de sudor sobre su labio superior eran claramente visibles, ya que negó categóricamente haber tomado cualquier droga que mejorara el rendimiento.

Esta señal reveladora de sudor en los labios superiores fue útil cuando la inspectora de aduanas estadounidense Diana Dean se enfrentó a Ahmed Ressam, también conocido como el "Bombardero del Milenio". Ahmed Ressam trató de entrar a los Estados Unidos desde Canadá en diciembre de 1999 conduciendo un coche que contenía los componentes de una bomba de petróleo. Cuando Ressam dejó el ferry de British Columbia a Port Angeles, Washington, el inspector Dean se enfrentó a él mientras realizaba su interrogatorio de rutina. Lo que la alertó fue que el labio superior de Ressam se rompió en gotas de sudor. Inmediatamente pidió un asistente y llamó a sus compañeros para que registraran el coche de Ressam. La materia prima para la fabricación de bombas fue descubierta, si ella no hubiera notado la señal reveladora de sudor de Ressam, ¡podría haber habido otro ataque terrorista en suelo estadounidense!

Cambios de postura

Cuando la gente se involucra en trampas y engaños, notarás cambios leves y repentinos en su postura. Por lo general, su postura se endurece y ambos hombros se mueven hacia adelante y se vuelven rígidos. Su cabeza también puede cambiar de posición y caer en un ligero movimiento hacia adelante.

Aquí hay una foto de Chris Brown cuando apareció en la corte en abril de 2009 por agredir a su novia Rihanna Fenty. Aunque se declaró no culpable de los cargos, su lenguaje corporal sugirió que se sentía avergonzado y culpable. El normalmente arrogante y de hombros cuadrados Chris Brown parecía cualquier cosa, pero cuando apareció ante el juez. Inclinó la cabeza, miró hacia abajo y sus hombros se agacharon repentinamente. Como se puede ver en la foto, su postura básicamente gritaba "culpa" y "vergüenza".

Una de las razones por las que los mentirosos y engañadores asumen esta posición semifetal es porque en su interior se sienten emocionalmente vulnerables y avergonzados. Por lo tanto, literalmente tratan de minimizarse ocupando menos espacio, mostrando que se sienten "pequeños" emocionalmente. También es la manera natural del cuerpo de protegerse a sí mismo. Así que, si y cuando atrapas a una persona en una mentira, a menudo verás los hombros encorvados, en posición de cara de tortuga. Tal vez recuerde haber visto esto cuando Barry Bonds fue sorprendido mintiendo por omisión en una abarrotada conferencia de prensa. Mientras permanece en silencio sobre el tema de su uso de esteroides, su lenguaje corporal protector mostró la verdad.

 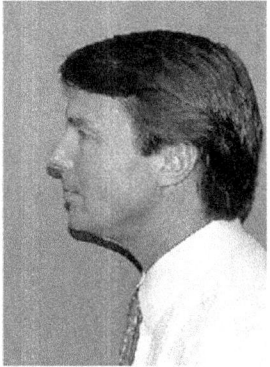

En esta foto de John Edwards también se puede ver esta postura encorvada. En general, la postura de Edwards era recta, con la cabeza alta y los hombros hacia atrás mientras rebosaba de confianza en sí mismo. Pero en esta foto, se puede ver que sus hombros están levantados hacia adelante y redondeados. Este es el lenguaje corporal de un hombre que está triste y avergonzado. Así que su cuerpo nos está diciendo la verdad: que Edwards no está contento con su arresto por fraude electoral.

Cuando el entrenador de fútbol americano de Penn State, Jerry Sandusky, fue acusado por primera vez de abuso de menores, su cabeza erguida y su postura recta le gritó al mundo que confiaba en él y que no le pasaría nada. Simplemente se sacudiría todas estas acusaciones falsas en su contra. Pero con el paso del tiempo, un nuevo testigo de su fechoría se adelantó y la postura de Sandusky, una vez erguida, se volvió más y más encorvada y parecida a la de una tortuga. Aunque todavía afirmaba su inocencia, su lenguaje corporal y su postura indican lo contrario. Este cambio de postura culpable, similar al de una tortuga, es también una señal reveladora para los agentes del orden público cuando interrogan a los sospechosos. Saben que están en el buen camino y que sus preguntas se vuelven más directas y directas.

Encogiéndonos de hombros

Imagínese que estas conversando con alguien y de repente se encoge de hombros al responder a una pregunta o hablar sobre un tema crítico, lo más probable es que le esté mintiendo. Un ejemplo: el ex jugador de béisbol de las Grandes Ligas Barry Bonds a menudo se encogió de hombros durante las conferencias de prensa para evitar preguntas sobre su uso de esteroides. Pero evitar las respuestas con demasiada frecuencia y a personas equivocadas - fiscales federales- dio como resultado que Bonds fuera acusado por un cargo de obstrucción de la justicia y cuatro cargos de perjurio en una investigación del gobierno. Barry fue condenado por obstrucción a la justicia y se le negó la entrada al Salón de la Fama del Béisbol.

Estamos hablando de detectar mentiras y parece que una persona sin la que no podemos prescindir es ¡O. J. Simpson! En su audiencia de sentencia en la sala de justicia del Centro de Justicia Regional Clark Country de Las Vegas, O. J. se puso de pie en sus grilletes y ofreció una "disculpa" por su fechoría. Mientras lo hacía, descuidadamente inclinó la cabeza hacia un lado y se encogió de hombros, como se puede ver en la foto de arriba. Esto indica que su "disculpa" fue todo menos genuina. Esto "probó" el hecho de que su intención era efectivamente "dañar a estos tipos", ya que entró en la habitación del hotel armado, con un arma para reclamar lo que él veía como su propiedad.

El juez que preside, Jackie Glass, obviamente vio a través de la falsa disculpa de O.J. Rechazó su "disculpa" y dijo que lo que O. J. hizo fue "mucho más que una estupidez". Ella lo sentenció a 15 años de prisión.

Inclinarse hacia atrás

A veces, cuando la gente se da cuenta de que ha sido atrapada en una mentira, todo su cuerpo se mueve hacia atrás de forma repentina e incontrolable. Esto significa que el mentiroso ha sido literalmente "sorprendido" de que su deshonestidad fuera descubierta. La espalda del mentiroso está simbólicamente "contra la pared" cuando hace un salto repentino y menor o se sacude hacia atrás. Al hacerlo, su postura se vuelve rápidamente erguida y rígida. También hay tensión visible en sus hombros y cuello, como se puede ver en la foto de O. J. Simpson. Esta foto fue tomada durante una entrevista en el décimo aniversario del asesinato de su esposa. En el video podemos verlo literalmente retrocediendo mientras la pregunta de Catherine Crier golpea visiblemente un nervio.

Inclinarse hacia adelante

La gente que te miente en la cara quiere desesperadamente ser creída. Así que, en su desesperación, se apoyarán en ti como un medio para congraciarse y parecer simpáticos y accesibles. Es un intento manipulador para atraer a otros a creerles.

Esta es la razón por la cual usted puede verlos a menudo inclinarse hacia adelante cuando están en comunicación cara a cara. Es un intento de crear una falsa intimidad y hacerles creer que están diciendo la verdad. La siguiente foto de O. J. fue durante una entrevista cuando se le preguntó sobre su participación en la muerte de su esposa. En la foto se puede ver la repentina inclinación hacia delante, seguida de la señalización con el dedo, básicamente un intento de engaño.

Los delincuentes, que son entrevistados antes de su condena, a menudo muestran este tipo de comportamiento. El criminal convicto Scott Peterson fue entrevistado por Diane Sawyer, y durante toda la entrevista, podemos ver a Peterson inclinándose hacia adelante, muy probablemente en un débil intento de parecer creíble y aludador. Mientras se inclinaba y hablaba, seguía mintiendo acerca de no saber dónde estaba su esposa. Peterson hizo lo mismo con otro entrevistador de la CBS. A pesar de que el reportero lo confrontó sobre sus mentiras y engaños con respecto a su novia, Amber Frey, Peterson aún permanece en esa posición rígida y de inclinación hacia el futuro durante la entrevista.

También notamos esta postura con el asesino de esposas Drew Peterson en el Today Show, mientras intentaba convencer al entrevistador Matt Lauer y al mundo de que no mató a su tercera esposa Kathleen o a su cuarta esposa, Stacy. También vimos la misma postura con la asesina de novios Jodi Arias cuando apareció en 48 Horas y trató de convencer a otros de que ella no es culpable. Otra característica notable de estos criminales de tendencia progresista es que apenas se mueven de esta posición durante sus entrevistas.

Esto es exactamente lo que observamos en

el lenguaje corporal de Drew Peterson, el asesino de la esposa convicta. En sus muchas entrevistas, se mantendría rígido y con la cara de piedra mientras proclamaba su inocencia. Insistió en que no mató a su tercera esposa, Kathleen, o a su cuarta esposa, Stacy. Contestó todas las preguntas a las que se enfrentaba Stone y nunca se movió de su posición.

Inquietarse o quedarse demasiado quieto

Otra señal reveladora de engaño y mentira es el nerviosismo. La razón de esto es que nuestro sistema nervioso autónomo a menudo va a una respuesta primitiva de "pelear o huir". A menudo la gente quiere huir literalmente de situaciones incómodas o estresantes. Así que, si un mentiroso siente que va a ser entrevistado o interrogado, el instinto biológico innato interviene en el escenario físico "sácame de aquí". Por lo tanto, este exceso de energía y los movimientos del cuerpo extraño.

Alternativamente, un mentiroso puede no moverse en absoluto. Esto puede ser una señal de la situación de lucha neurológica primitiva más que de la respuesta de fuga. Cuando hablas y conversas normalmente, es natural que muevas tu cuerpo en movimientos relajados, sutiles y en su mayoría inconscientes. Así que, si observas una postura catatónica y rígida sin movimiento, a menudo es un signo revelador de que algo está mal. Como mínimo, la persona se esfuerza demasiado por mostrar una postura tranquila y controlada y, a lo sumo, puede estar tratando de manipularte diciendo mentiras.

Cuando un sospechoso está siendo interrogado por los agentes del orden público y parece estar arraigado en el lugar, generalmente es una señal reveladora de que el sospechoso está tratando de ocultar algo. Además, si está agarrando sus manos o cruzado de brazos, está literalmente intentando "agarrarse" a sí mismo para no decir las palabras "incorrectas".

Nicki Minaj negó con firmeza y vociferancia estar involucrada en hostilidad con su colega juez, la cantante Mariah Carey. Sin embargo, el hecho de que Nicki estuviera sentada frente a una piedra y rígida y se negara a mirar a Mariah, mostró la verdad a todo el mundo. Este comportamiento inusual suele ser una señal de alarma en lo que respecta al engaño, precisamente porque es antinatural, extraño y no va con el flujo de todo el escenario... El engañador intenta micromanejar sus movimientos para que nadie note que está mintiendo; irónicamente, es este mismo comportamiento el que está mostrando a la gente que está tratando de ocultar algo.

Cambios en la posición de la cabeza

Cuando alguien se ha visto envuelto en una mentira, a menudo notará varios movimientos extraños o torpes de la cabeza. La cabeza se inclina hacia abajo, se sacude hacia atrás, se inclina hacia un lado o se amartilla. Si notas estas señales, particularmente después de haberle hecho la pregunta, es posible que no esté siendo completamente honesto y sincero contigo.

El cabazazo torpe

A menudo vimos al repentino cabezazo torpe de Scott Peterson durante su juicio por el asesinato de su esposa. Durante el juicio, su cabeza repentinamente retrocedería cuando escuchó algo convincente en la sala del tribunal que apuntaba a la verdad sobre su participación en la muerte de su esposa. Lo mismo se puede ver en la siguiente foto de O. J. Simpson durante su entrevista con Catherine Crier. El momento de la foto es significativo; de repente sacude la cabeza hacia atrás justo cuando comienza a responder a una pregunta importante sobre el asesinato de Nicole. Este movimiento repentino e inesperado de la cabeza es a menudo una indicación de que alguien no está diciendo la verdad.

A continuación, la foto de Lance Armstrong mientras hacía una pregunta inesperada sobre su escándalo de drogas. Observe la posición de su cabeza y cuán atrás se ha retirado mientras procesa la pregunta en su mente. Cada vez que notas que la cabeza de alguien de repente se mueve hacia atrás - cuando piensan que pueden estar atrapados en una mentira o escuchar algo que podría descubrir la verdad. Este movimiento incómodo, repentino e inesperado dice mucho.

La cabeza arqueada

Cuando alguien con conciencia escucha una verdad desagradable o es atrapado en una mentira, normalmente inclina la cabeza. Esto es a menudo un signo de vergüenza o contrición. Cuando Tiger Wood respondió a las preguntas de la conferencia de prensa sobre su aventura, su cabeza estaba inclinada casi todo el tiempo.

Se puede ver lo mismo con el cantante y rapero Chris Brown cuando se declaró inocente de los cargos de agresión. El cantante sabía que su declaración era mentira y que era culpable de golpear a su novia, la cantante Rihanna, en la noche de los premios Grammy.

La cabeza del gallo o inclinada
Si ves a alguien que de repente inclina la cabeza hacia un lado o la amartilla, a menudo indica incertidumbre, duda. Este

escenario es a menudo visible cuando a las personas se les hacen preguntas puntuales o cuando sienten que su mentira está a punto de ser revelada. Es la forma instantánea e inconsciente del cuerpo de decir: "¡No sé cómo responder a la pregunta, porque tengo que fabricar una mentira! Cuando se le preguntó a Drew Peterson sobre su participación en la misteriosa desaparición de su cuarta esposa, el normalmente arrogante ex policía inmediatamente inclinó la cabeza hacia un lado mientras respondía a la pregunta y se defendía con "mentiras". Esto fue una señal de alarma para los expertos en comportamiento.

Lance Armstrong inclinó la cabeza hacia un lado cuando fue invitado a subir al escenario en 2010 durante las ceremonias de clausura del Tour de Francia. Esa fue probablemente una clara señal de engaño. Sabía que no merecía los elogios brillantes y cuando los periodistas hacen preguntas, probablemente no estaba seguro de cómo toser su mentira.

El trago gordo

Otro signo revelador significativo de engaño es tragar o deglutir con fuerza. La repentina deglución por parte del "mentiroso" es el resultado de la acción del sistema nervioso autónomo, ya que la prominencia laríngea, también conocida como manzana de Adán, suele ser más visible en los hombres y más fácil de ver. El engañador generalmente se detiene a mitad de la frase para tragar automáticamente. Cuando una persona está tensa o dice o hace algo que no debería, la producción de saliva suele disminuir. Por lo tanto, la garganta se sentirá raspada y seca. Para lubricar la garganta con saliva y seguir hablando, el mentiroso tiene que tragar, lo que alivia la sensación de tirantez, incómoda y áspera.

Lance Armstrong podía ser visto a menudo tragando con fuerza y tragando a lo largo de su conversación con Oprah, especialmente cuando hablaba de su escándalo de dopaje. Era más obvio cuando Armstrong estaba viendo videos anteriores de sí mismo en cintas de declaración mientras mentía deliberadamente sobre su uso de drogas. Mientras veía sus entrevistas anteriores, se notaba claramente que su manzana de Adán subía y bajaba mientras tragaba durante esos momentos de tensión.

Ocultar las manos y brazos

La gente a menudo esconde sus manos cuando se dedican al engaño. Colocan sus manos detrás de ellos, en los bolsillos o debajo de algo, (como una mesa). También tratan de ahuecar sus manos en un intento subconsciente de hacer su cuerpo/manos más pequeñas. Además, tenga en cuenta que la gente a veces se mete las manos en los bolsillos sólo porque es cómodo. Como siempre, el contexto es la clave para descifrar el engaño. La foto fue tomada cuando estaban teniendo una aventura, lo negaron, pero por la foto se puede adivinar la verdad.

Cuando se detectan mentirosos en la vida real, la detección de estas pistas le ayudará a atrapar a los mentirosos de armadura y principiantes. Los que mienten por una profesión son una historia diferente.

Conclusión

¡Gracias de nuevo por descargar este libro! Espero que esto te haya ayudado a entender las mentiras de otras personas.

El siguiente paso es usar lo que has leído aquí y releerlo para mantener estas ideas frescas en tu mente.

Parte 2

Introducción

La comunicación es una parte esencial de nuestra vida cotidiana. Debes hablarle al personal encargado de las ventas en una tiendapara poder obtener el artículo o servicio adecuado que deseas. Hablas al frente de la clase para exponer el trabajo que te fue asignado a fin de obtener una mejor calificación. La comunicación es lo que vuelve la vida más fácil de entender y nos ayuda a expresar lo que pasa por nuestras mentes.

Hay dos tipos diferentes de comunicación: verbal y no-verbal. La comunicación verbal es un tipo de comunicación en la cual los individuos utilizan la palabra y el habla como medio para compartir información. La comunicación no-verbal, por otra parte, es un tipo de comunicación donde se utilizan claves mudas para transmitir cierta información que a menudo es confusa.

El lenguaje corporal es un tipo de comunicación no-verbal donde se utilizan gestos corporales que transmiten información a otra persona. A veces, un simple apretón de manos puede manifestar un cálido saludo. Una simple inclinación de cabeza puede indicar que se está de acuerdo con una declaración. Estos son algunos ejemplos del lenguaje corporal simple que solemos encontrar en nuestra vida cotidiana.

Algunas expresiones corporales son complejas de descifrar porque envían varios mensajes simultáneamente. Ten en cuenta que en ocasiones los individuos no son conscientes de que están mandando mensajes ofensivos a alguien debido a que son inconscientes. Este libro te ayudará a entender en mayor profundidad el lenguaje corporal y cómo utilizarlo para tu beneficio.

Capítulo 1: El Poder de la Atención

La atención es algo que todo el mundo necesita para tener un entendimiento adecuado. Sin embargo, hay varios factores que pueden llegar a afectar nuestra atención. Comúnmente, la atención siempre se encuentra conectada con la curiosidad y el interés.

Una persona muestra interés en otra cuando esta le presta atención. Dedicar suficiente atención a alguien requiere de tiempo y concentración. Prestar atención a una persona requiere de suficiente concentración para producir que exista entendimiento, debido a que la falta de concentración significa falta de interés, lo que resulta en la pérdida de la atención. Los factores esenciales que demuestran que se está prestando atención son los siguientes: la postura, el contacto visual y la gesticulación de manos y brazos.

Aquí se encuentran algunos ejemplos concretos para determinar el nivel de atención de una persona y su interpretación;

En esta imagen se puede observar a personas que no están prestando atención. Las personas que no están interesadas descuidan su postura y principalmente se encorvan. La falta de contacto visual y bostezar son claros indicadores de aburrimiento y adormecimiento.

En esta imagen se pueden ver claramente quién está prestando atención y quién no. Nuevamente la postura lo dice todo y el inclinar la cabeza denota desconcentración, mostrando aburrimiento y falta de interés.

Escuchar es una parte esencial de la atención. Las personas que claramente muestran falta de interés no muestran posturas en favor de escuchar al otro. En esta imagen la persona muestra interés en el interlocutor con el que se encuentra hablando al inclinarse hacia adelante y prestar atención a la persona en frente de él. Orientar la cabeza en dirección a la persona con la que se está hablando es un signo de concentración y atención.

Estas son formas de mejorar tus habilidades para prestar atención y, además, de capturar la atención de los demás. La mejor manera de captar la atención de una persona es llamarla por su nombre. Los nombres son un instrumento poderoso para captar la atención de alguien, con el uso de las manos y los brazos en posición de saludo, le demuestra a la otra persona que necesitas su atención en ese momento.

La atención también es necesaria para obtener lo que deseas. Las personas que saben captar la atención de los demás son más propensas a obtener lo que quieren de los demás. En este capítulo serás capaz de identificar si esa persona se encuentra interesada en lo que dices o no. Mantener el interés es la clave para captar la atención de los otros en ti siempre que lo desees.

Capítulo 2: Postura

La postura es la forma en que fijas tu cuerpo sin importar la posición que adoptes -parado o sentado. La postura dice mucho sobre ti. La manera en que proyectas tu cuerpo envía un mensaje a los otros e influye sobre cómo te van a tratar. En los animales, una postura arqueada muestra sumisión, mientras que una posición recta denota agresividad. Los animales tienen este mecanismo de defensa de exhibir su lomo para expresar desprecio hacia su depredador. Lo mismo sucede con los humanos, estamos programados con instinto en cuanto a nuestras posturas.

Cuando somos jóvenes, usualmente nos encontramos en una posición de inferioridad con respecto a nuestros padres, por lo que andar encorvado es común entre los niños. Como una forma de sumisión, los niños que tienen una imagen pobre de sí mismos suelen tener mala postura, estando arqueados la mayor parte del tiempo, lo que suele denotarsumisión extrema e inseguridad.

Los desarrollos de la personalidad suelen ir de la mano con la postura. Los adolescentes suelen adoptar una postura laxa, lo que denota superioridad y un desafío a las normas sociales. Les encanta inclinarse hacia atrás como una señal de falta de interés hacia la autoridad, especialmente hacia sus padres. La atención y la postura corporal también van de la mano, porque el cuerpo responde al objeto de su interés. Una persona que se encuentra interesada en lo que está diciendo el profesor puede verse con una postura inclinada hacia adelante, mientras que la falta de interés se exhibe en una postura laxa inclinada hacia atrás.

En una fiesta, puedes identificar fácilmente la personalidad de alguien por su postura. Una persona que siempre está sentada, a pesar de que otros invitados se encuentren parados, evidencia aburrimiento. Cuando te acercas a una persona y esta se inclina hacia atrás, demuestra que no le gusta que estés allí.

Inclinarse hacia delante demuestra que se está interesado. Cuando tus superiores anuncian algo que hace que otras personas se decepcionen, ellos suelen inclinar su espalda hacia adelante como signo de decepción. Pararse es una señal de dominación. Un hombre que inclina su pecho hacia adelante expresa superioridad y dominio. Un gran orador como fue Julio Cesar es bien conocido por sus discursos, pero también por su gran postura a la hora de pronunciar los mismos.

Estamos mentalmente programados con la respuesta de pararnos rectos cuando nos sentimos confiados y nos agarramos el estómago en posición fetal cuando nos sentimos amenazados. Pararse siempre detrás esseñal de un complejo de inferioridad, mientras que pararse siempre al frente indica lo contrario. Inclinarse hacia los lados significa estrés y agotamiento. Apoyarse repentinamente hacia atrás contrala pared muestra una gran angustia emocional. Inclinarse con fuerza hacia adelante denota que se está ante una situación apremiante. Sentarse repentinamente denota que la persona se encuentra en estado de shock (conmocionado) y pararse repentinamente es una muestra de agresividad.

Las posturas son clave para mantener la composturay para dar la impresión a los demás de que eres una persona con confianza,de que sabes lo que quieres y puedes hacer todo lo que te propongas porque confías en tus propias habilidades, mientras que las personas inseguras demuestran lo contrario. Deja que tu postura diga lo que quieres que los demás escuchen.

Capítulo 3: Expresiones Faciales

Tu cara es lo primero que otras personas ven cuando te comunicas con ellas. La gente invierte en mejorar la apariencia de su cara para incrementar su autoestima. En la mayoría de los casos, la confianza se construye por medio de una expresión facial genuina.

Todos los días nos encontramos con diferentes tipos de individuos que utilizan sus semblantes todo el tiempo. Algunos losutilizan con una sonrisa. Algunos losutilizan reflejando ira o furia, lo que aleja a las otras personas. Otros simplemente los usan para impresionar a sus superiores,ganando su confianza y reconocimiento. No importa la cara que pongas,esta muestra claramente lo que tu mente piensa.

Tu Cara lo dice Todo

Mientras más sincera sea la expresión facial de alguien, más te dirá tu mente que la persona en particular es honesta en lo que habla. Nuestras mentes siempre buscan la verdad y la cara siempre refleja si estás diciéndola o no.

Existe una regla general en cuanto a que tu cara no puede ocultar nada, pues esta se expresa de forma que puede ser develada fácilmente dependiendo de las emociones involucradas. Hay una gran variedad de emociones, por lo que también hay un sinnúmero de expresiones faciales.

El famoso "Emoji" es la caracterización de diferentes expresiones faciales. Estos son los gestos comunes que tu cara hace siempre que se expresa. Hay expresiones faciales que son fácilmente reconocibles, pero también se tiene un conocimientolimitadosobre ellas.

Estas son algunas Expresiones Faciales Básicas con las que podrías encontrarte:

Alegría

Esta imagen muestra la expresión facial básica de alegría. Una sonrisa, una arruga de patas de gallo alrededor de los ojos, unos pómulos elevados y un movimiento muscular alrededor de los ojos.

La alegría es una expresión de felicidad y emociones positivas. La mayoría de las personas que fingen una sonrisa no presentan un movimiento ocular genuino.

Enojo

En el enojo, nuestras cejas usualmente se juntan, nuestros ojos se agrandan e incluso se ponen rojos, y presentamos una boca expresiva, ya sea abierta ampliamente o contraída en el interior.

El enojo es fácilmente detectable porque utiliza la mayoría de los músculos faciales y lo hace frecuentemente con un intenso estallido emocional, como por ejemplo alzando el tono de voz.

Tristeza

Las características de la tristeza son tener las cejas caídas, nuestra mirada pierde el enfoque y las comisuras de los labios presentan una ligera inclinación hacia abajo. Llorar es muy común en las expresiones de tristeza.

Sorpresa

Las de sorpresa son usualmente expresiones pasajeras que se caracterizan por tener los ojos bien abiertos, las cejas levantadas y la boca abierta. Esta reacción es común ante eventos inesperados, de los que una persona no es consciente que sucederán en poco tiempo.

Desprecio

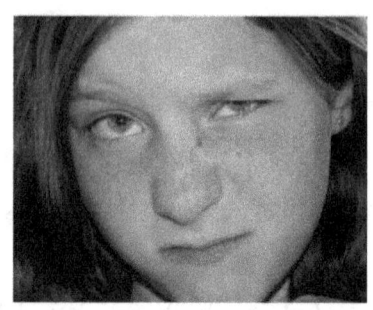

El desprecio expresa que una persona nos desagrada. Se muestra al levantar una ceja y una de las comisuras de los labios.

Las personas que revelan este tipo de expresiones faciales suelen pensar que es correcto que otros sean despreciados y que obtengan lo que se merecen.

Miedo

El miedo es una expresión que se presenta ante el peligro inminente. Usualmente se expresa a través de tener las cejas levantadas y juntas, los párpados superiores también se elevan y los labios se estiran de manera horizontal, con las comisuras en dirección hacia las orejas.

Las personas que expresan miedo suelen pensar que se encuentran en un peligro inminente y necesitan huir de la situación dada como una respuesta automática.

Asco

El disgusto es un sentimiento de repulsión profunda hacia cierta persona, cosa u ocasión. Usualmente se expresa arrugando la nariz y alzar los labios superiores.

Las personas que se encuentran asqueadas suelen expresarlo mediante su cara al hacer una expresión de desagrado o repugnancia.

Tú cara expresa cada emoción que tengas en el momento. Un cara tensa y agotada expresa ansiedad y preocupación. Mientras más relajada se encuentre la cara, más placentera es la emoción que se está teniendo. Un fuerte arrebato emocional es claramente identificable por el sonrojo de la cara, losmúsculos tensionados alrededor de los pómulos y el morderse los labios

Los Ojos son las Ventanas del Alma

Este es el dicho más antiguo sobre la realidad sobre nuestros ojos. Es cierto que tus ojos no mienten y claramente muestran las verdaderas emociones que tienes, a pesar de que tu cara diga lo contrario. Tus ojos son capaces de conectar los mensajes que tu mente desea transmitir.

La razón detrás de esto es que la vista es el único sentido que puede identificar que un objeto en particular es real o no. Los objetos imaginarios como los unicornios son imágenes conceptuales y no perceptuales. Esto significa que pueden ser reales en nuestras mentes como conceptos, pero no se pueden encontrar en el mundo real porque no pueden ser percibidas por nuestros ojos.

A través de los ojos se puede ver la agitación interna dentro de una persona, ya que muestran las emociones más auténticas la mayoría de las veces. Las personas que tienen algo que ocultar no puede mirar a los ojos de las otras personas porque claramente delatarán la verdad que están ocultando. Frecuentemente miran hacia abajo para evitar el contacto visual. Los ojos que miran hacia arriba se encuentran buscando un recuerdo que se desea recuperar.

La regla general es que a medida que las emociones se intensifican, los ojos se vuelven más expresivos. Los ojos tienden a centrarse más en el objeto de su emoción, creando un efecto de túnel. Observa una persona que se encuentra muy enojada, mira atentamente el objeto de su enojo y más dispuesto a expresar su rabia hacia ese objeto particular.

Las cejas juegan un papel importante a la hora de transmitir mensajes. Cuando ponemos una ceja más levantada significa que hay algo que nos desagrada de la persona o situación en particular ante la que nos encontramos. Tener ambas cejas levantadas implica que se tiene un mensaje importante que requiere de atención inmediata. Bajar una ceja es una muestra de sospecha y desconfianza en la afirmación que haya realizado el interlocutor.

La atención es una parte esencial para que los ojos se expresen. Centrar tus ojos en un objeto determinado manifiesta interés. Cuando miras a una persona y esta quita la mirada significa que su atención no está depositada en ti y denota una falta de interés.

Los Labios No Mienten

El movimiento de la boca también es un factor clave en el comportamiento humano. Las personas que tienen el hábito de mascar chicle son más propensas a tener problemas de fijación oral como trastornos alimenticios, abuso de sustancias y mentir compulsivamente.

El mentir es un arte que es difícil de dominar. ¿Cómo podemos saber si la persona es sincera en lo que él o ella está diciendo? La verdad es fácil de identificar.

La espontaneidad y la naturalidad son muestras de que la persona está diciendo la verdad. La sinceridad en lo que se dice siempre es un reflejo de la veracidad incluida en aquello que se dice. La información falsa siempre requiere de tiempo para filtrar lo que se está diciendo para poder ocultar la verdad.

Una persona que está mintiendo no puede mirar a las personas sobre las que está mintiendo porque nuestras mentes necesitan encontrar formas de elaborar ideas que oculten la verdad. Se sabe que los ojos son receptivos a las ideas. El pensar siempre se asocia con movimientos corporales como es el direccionar los ojos hacia arriba para buscar ideas. Mentir requiere más pensamiento elaborado, por lo que involucra más movimiento.

 Chuparse el dedo es uno de los signos de la mentira porque es una respuesta inconsciente ante la incertidumbre y nos regresa a los hábitos de la infancia de la satisfacción oral de la lactancia materna. Da la sensación de seguridad y control sobre uno mismo, por lo que una persona que está mintiendo siempre intenta chuparse los dedos.

Sonreír

Se dice que se hay menos músculos involucrados para sonreír. Esto solo significa que es mucho más fácil expresar emociones placenteras que el enojo y la ira. Nuestro cuerpo suele estar más relajado cuando experimenta emociones placenteras, pero suele estar más tenso cuando se experimentan emociones fuertes como el enojo.

Las personas que se encuentran en un grave dolor o agonía suelen tener sus músculos más tensos por lo que ponen caras más tristes y los ojos hacia abajo. Su cara está de alguna manera más sombría a medida que las emociones tomaron control sobre su expresión facial. Es mucho más fácil expresar alegría y felicidad mediante la felicidad que haciendo puchero o llorando.

En la psicología sonreír denota sumisión, receptividad y apertura. Cuando alguien te está sonriendo, tú eres en cierto modo más receptivo a esa persona, porque esta es la forma en que nuestra mente funciona en cuanto a la sonrisa. Nuestro cerebro sabe cómo detectar una sonrisa falsa de la sonrisa genuina porque se encuentra mentalmente programado en nosotros para sobrevivir.

Aquí se encuentran algunos tipos de sonrisas que se pueden identificar en las caras de las personas y sus significados;

Sonreír con los Labios Sellados

Este tipo de sonrisa es donde los labios se encuentran tensamente estirados a través de la cara formando una línea recta y los dientes no se muestran. Este tipo de sonrisa muestra que la persona tiene secretos que no quiere compartir contigo. Los secretos usualmente se proyectan teniendo los labios cerrados y sonriendo de esta manera. El mensaje que transmite es que hay algo que no quieren que sepas. También es una forma de rechazo porque hay cosas que no quieren que te hagan daño.

Observa la sonrisa de las personas exitosas publicadas en las revistas. Tienen este tipo de sonrisa que dice que tienen estos secretos que los vuelven exitosos y no tienen planeado compartirlos con el mundo. Las personas que saben algo que es esencial, que es una ventaja a su favor, sonríen de la misma manera.

Sonrisa Torcida

En este tipo de sonrisa se tuerce una parte de la boca para sonreír. Esto generalmente muestra sarcasmo. Podemos encontrar a muchas personas haciendo este tipo de sonrisa como una burla hacia otras personas. Fácilmente podemos reconocer personas que se burlan de nosotros por este tipo de sonrisa. Esto solo muestra desprecio hacia otras personas.

La Mandíbula Caída

Este es el tipo de sonrisa que frecuentemente es usada por el Guasón. La mandíbula inferior va hacia abajo con una simulada sonrisa fingida.Estas sonrisas son utilizadas para proyectar disfrute y que se es una persona con un temperamento feliz. Los políticos son conocidos por utilizar mucho este tipo de sonrisa.

En este capítulo eres capaz de descubrir algunas verdades básicas en cuanto a la actitud que se manifiesta a través de la cara. Aunque se admita o no, siempre nos aseguramos de estar complaciendo a los demás tanto como sea posible, por tanto, otorgamos mucho valor a la cara. No hay nada de malo en eso, pero hay cosas que ningún maquillaje puede ocultar, y eso es que tu expresión facial suele ser suficiente para iluminar el día de una persona o para arruinarlo.

Capítulo 4: Gestos Manuales

Las manos son partes poderosas de nuestros cuerpos que transmiten diferentes mensajes dependiendo de cómo las usemos. A través de las diferentes culturas del mundo hay diferentes maneras de saludar a alguien. Algunos dan la mano, mientras que otros se abrazan.

Las manos usualmente se utilizan para transmitir mensajes ya sea dentro del marco de una conversación o para apuntar o indicar direcciones.Cuando alguien pregunta por el pan, apuntas con tu mano en dirección a la panadería ole ofreces entregarle el pano le muestras la palma de tu mano para decir que no hay nada que puedas hacer por él.

Lengua de Señas

Para las personas que tienen una discapacidad auditiva, la lengua de señas es parte esencial de su comunicación. Las lenguas de señas son un medio para comunicarse con otras personas alrededor del mundo. La universalidad de las señas manuales hace posible que cada persona sorda pueda comprender esta lengua.

Algunos gestos simples como saludar son principalmente derivados de la primera letra de la palabra que significan. Si se observa detenidamente los lenguajes de señas básicos, son en cierto modo más una imagen representativa del mundo que buscan expresar. Por ejemplo, un sobrenombre que usualmente resalta los rasgos más prominentes de tu rostro y se utiliza la inicial de tu nombre para destacarlos.

No solamente las personas sordas obtuvieron beneficios de la belleza de la lengua de señas, sino también las personas ordinarias. Hay lenguajes de señas básicos con los que nos encontramos en la vida cotidiana. Una mano cerrada que se encuentra apuntando al corazón usualmente expresa arrepentimiento y disculpas.

Un agarrón

Nuestras manos usualmente se utilizan para agarrar algo o a alguien. La forma en que agarras a alguien les da una fuerte impresión de cuáles son tus intenciones. La mayoría de las veces la intensidad de la emoción que se está sintiendo se refleja en la habilidad de tus manos de sostener algo. Así, mientras mayor sea el agarre, mayor es la emoción que se asocia a él.

Los comportamientos agresivos normalmente se pueden ver en las manos. Las personas que tienen tendencias agresivas son más propensas a agarrar algo de una manera más intensa. La agresividad suele expresarse en gestos con las manos cerradas. Las personas que se han enfrentado con individuos agresivos son más propensas a tener las manos en forma de puño, lo que expresa un comportamiento desagradable hacia los demás.

Mientras que, por otra parte, una persona

que es pesimista pasivo tiene más tendencias a esconder sus manos o el hábito de morderse las uñas. Las personalidades de estos individuos muestran niveles de inseguridad que van en aumento, por consiguiente, volviéndolos menos accesibles. Sus manos se convierten en una desembocadura de represión sexual y de costumbres destructivas, así, volviéndolos personas complicadas de manejar.

Un gesto con la mano abierta expresa una mente abierta y accesibilidad. Las personas que están dispuestas a cooperar con otras, por ejemplo, suelen hacer gestos con las manos abiertas. Están dispuestos a aceptar cualquier recomendación que otros les hagan al pensar que es lo mejor que se puede hacer.

El Tacto

El tacto también ocupa un lugar de gran importancia en los gestos con las manos. Cuando alguien te toca en el hombro usualmente denota seguridad y confianza en tus habilidades. Empujar tu pecho expresa agresividad, mientras que empujar tu espalda es una muestra de apoyo. Cuando tocas tu oreja esto muestra que estás pensando en una excusa para algo.

Frotar las palmas de nuestras manos significa que se está esperando que algo positivo suceda. Por ejemplo, cuando una persona frota su palma antes de lanzar los dados sobre la mesa está esperando resultados favorables. La velocidad con la que frotamos las palmas de nuestras manos también muestra a quién esperamos que vaya a recibir los resultados más favorables.

Los gestos que implican frotarse las manos son comúnmente utilizados por los empleados encargados de las ventas a la hora de describir los productos que buscan vender. Mandan el mensaje de que están esperando que algo bueno suceda. Cuando el comprador responde a este gesto al frotar sus palmas de igual manera, expresa que está esperando algo bueno que comprar.

Frotar el pulgar con el dedo índice implica

que una expectativa monetaria. Tiene la misma connotación que frotar el pulgar contra una moneda, en señal de que se espera dinero de alguien. Siempre recuerda no utilizar este gesto con los clientes porque esto dará una impresión negativa sobre el dinero.

Apretar las manos juntas expresa frustración. Es común que el apretar las manos juntas se vea en situaciones de frustración, mientras la persona está esperando que la buena suerte esté a su favor. Hay tres posiciones para este gesto. La posición más alta, usualmente frente a la cara, la posición central en el área del estómago y la posición más baja en el área de la entrepierna. Estas posiciones representan el nivel de frustración que se tiene. Mientras más elevada la posición, más elevado es el nivel de frustración.

La posición de las manos en forma de campanariose hace juntando las yemas de los dedos de ambas manos en forma del techo del campanario de una iglesia. Es comúnmente visto en la relación entre jefes y subordinados. Lo suele usar los jefes cuando dan instrucciones a sus subordinados. No es un gesto ideal si te quieres volver lo más persuasivo posible, porque estos gestos sugieren un aire de superioridad y reflejan una imagen mandona.

La posición de la cara en bandeja es un gesto utilizado para captar la atención de los hombres. Implica poner ambas manos bajo la barbilla y poner nuestra cara en la parte superior de nuestras manos. Es como presentar tu cara al hombre para que el la admire.

Juntar ambas manos detrás de la espalda transmite autoridad y superioridad. Estos gestos son comúnmente vistos en las personas que ejercen autoridad, siendo el observar con la cabeza en alto otro gesto característico. En cambio, agarrarse detrás de la espalda expresa frustración. Mientras más fuerte sea el agarre del brazo detrás de la espalda, mayor es la frustración del individuo

Dedos

Los dedos también pueden enviarle un

mensaje a alguien.Señalar a una persona, denota que esta no es nada, un objeto; es un acto de agresión. Apuntar hacia arriba transmite autoridad intelectual. Observa las famosas pinturas de grandes intelectuales como Platón y Aristóteles, estos siempre se encuentran retratados señalando con su dedo índice hacia arriba como signo de sabiduría.

Apuntar hacia abajo es una señal de que estamos conteniendo nuestra ira. El sosegarse suele asociarse con el conteo, por lo que apuntar con los dedos hacia abajo expresa que la persona está intentando sosegarse. Los pulgares son utilizados para demostrar la concordancia con algo o alguien. El tocarse los dedos anulares expresa tener problemas con el compromiso.

Los pulgares siempre son asociados con la superioridad. Gestos como poner las manos en los bolsillos con el pulgar salido, son una expresión de confianza. Sujetar las correas de tu maleta exponiendo el dedo pulgar también es un acto de dominación y confianza, pero sujetar las correas más abajo escondiendo los pulgares muestra frustración e inseguridad.

El pulgar también puede utilizarse para burlarse de alguien, como cuando una persona apunta a otra utilizando su pulgar. Poner la mano en el bolsillo trasero de nuestro pantalón mientras se deja el pulgar expuesto, implica una dominación oculta hacia alguien y proyecta falsa humildad.

En este capítulo eres capaz de ver el poder de tus manos; tanto para expresarte como para transmitir poderosos mensajes. Puedes comprender el significado de los gestos con las manos como medios de comunicación, de manera similar a como son entendidos por aquellos con discapacidades auditivas.

Capítulo 5: Brazos

Los brazos suelen proyectar fuerza y autoridad. Una persona que siempre tiene los brazos cerrados muestra impaciencia e imponiendo autoridad sobre la persona en particular. Las personas que no son conscientes de la importancia de los brazos en el arte de la comunicación suelen conducir al engaño a otras personas al poner sus brazos sobre alguien sin saber que esto significa que se está ejerciendo dominio sobre esa persona, causando molestia e incomodidad.

Los gestos con los brazos abiertos muestran apertura hacia las otras personas. Los gestos con forma de abrazo suelen conducir a la reconciliación y la intimidad, porque el poder de los brazos significa aceptación de las otras personas a él, haciendo que se sientan cómodos con la autoridad de la otra persona.

En la mayoría de las ocasiones los gestos con las manos y los brazos solo se utilizan cuando quieres decir algo de una manera inmediata y con poca antelación. Implica que aquel mensaje en particular necesita ser dicho lo ante posible y se requiere de atención para resolver cualquier problema en el momento.

Por ejemplo, una persona puede negarse a darle limosna a un mendigo en un comienzo, pero debido a la persistencia de este, la persona intentará direccionar al mendigo hacia otras personas. A medida que la situación escala, las personas suelen utilizar más gestos que implican el uso de ambas manos (mensajes cortos) y los brazos (autoridad) para decirle al mendigo que se aleje.

Los brazos como una muestra de fuerza y apoyo. El abrazar a una persona es una muestra de que le estás ofreciendo apoyo y fuerza. Cuando se consuela a alguien hay una fuerte promesa tranquilizadora, un abrazo ligero implica intimidad. Abrazarse a sí mismo es un acto de protegerse a sí mismo.

Estirar los brazos significa renovar la motivación para continuar con la labor que estaba realizando en el momento. Sostener la mano de una persona envía diferentes mensajes dependiendo del género de la persona. Para las mujeres sostener la mano significa atracción y timidez hacia el chico que está mirando. Mientras que en los hombres les da una sensación de seguridad al acercarse a una multitud.

Algunos manierismos inconscientes reflejan el estado emocional de la persona. El nerviosismo suele expresarse en tocar algo para aliviar la tensión de enfrentar el miedo. Las personas que están tocando sus pulseras exhiben nerviosismo y que están aliviando su inseguridad.

Los brazos suelen utilizarse como barreras, ya sea como una muestra de superioridad o de arrogancia. El gesto común de esto es cruzar los brazos. Según la psicología, cruzar los brazos es un mecanismo de defensa ante los intrusos y desconocidos. Es común ver este gesto en las personas que consideran a otras extraños.

Este gesto molesto tiene un efecto perjudicial en las personas que lo emplean y aquellas que lo ven. Las personas pueden sentir que es un gesto cómodo para utilizar, pero para los otros esto implica arrogancia y falta de respeto. La solución para este manierismo es sostener algo siempre que sienta la necesidad de cruzar sus brazos.

Capítulo 6: Moverse

Las piernas, así como los brazos, pueden revelar mucho sobre la naturaleza interior de una persona. Puedes entender su estado mental por la manera en que utilizan sus piernas en una conversación o, incluso, cuando simplemente están sentados escuchándote.

¿Cuáles son estos signos que debiéramos ser capaces de identificar? En este capítulo veremos cómo puede haber diferentes connotaciones derivadas de la manera en que las personas utilizan sus piernas.

No fue otro sino el mismísimo Albert Einstein quien dijo, *Las piernas son las ruedas de la creatividad.* Él pudo simplemente haber dicho que las piernas son las ruedas de la comunicación no verbal. Esto es así debido a que las piernas suelen comunicar lo que la persona no está diciendo.

Mucho se ha escrito sobre el lenguaje corporal, pudiéndose acceder a ese conocimiento de manera gratuita. Mientras muchas personas intentan observar e interpretar el lenguaje corporal de otros, la misma cantidad de personas son ahora conscientes de su lenguaje corporal, y lo controlarán de forma deliberada.

Sin embargo, la mayoría de ellos se concentrará en la parte superior de su cuerpo. Intentarán controlar sus expresiones faciales y ser muy conscientes de lo que se encuentran haciendo con sus manos, olvidándose por completo de sus piernas. Si las piernas y la parte superior del cuerpo se encuentran en conflicto, nos encontramos ante una revelación involuntaria de que la persona está intentando controlar su lenguaje corporal. Interpretar el lenguaje corporal no es una ciencia exacta. Los individuos reaccionan de maneras diversas, así como también lo hacen las diferentes culturas. Puedes, sin embargo, observar las piernas y los pies de las personas en busca de determinadas señales. Si un hombre se pavonea cuando camina esta es usualmente una señal de confianza. Las mujeres a veces caminan de tal manera que sus caderas se balancean.

Esta es una muestra sutil de coqueteo.

Los dos métodos principales para observar las piernas de una persona son bien cuando se encuentren parados o sentados. Es normal que un hombre se pare con las piernas abiertas a la anchura de sus hombros. Si sus piernas se encuentran más abiertas que esto, usualmente indica que la persona se siente seguro y confiado. Una persona parada en una posición más amplia busca hacer que su cuerpo se vea más grande y, por lo tanto, más poderoso. Esta postura también abarca más espacio y muestra dominación. Si una persona se para con sus piernas juntas o separadas a una anchura menor a la de sus hombros, esto puede ser una señal de ansiedad e inferioridad. Intentan ocultarse a sí mismos, volviéndose los blancos más pequeños posibles.

Cuando alguien se sienta con las piernas cruzadas, esto puede indicar que está cerrado hacia ti o que tiene una mente cerrada. Conseguir que una persona descruce las piernas es una clara señal de que se están abriendo a ti. Solo recuerda tener en consideración que cuando una mujer se encuentra sentada con las piernas cruzadas no significa necesariamente que ella se encuentre cerrada a ti.

Esta es una postura común entre las mujeres, especialmente cuando se encuentran utilizando shorts, faldas o vestidos. Si sus rodillas se encuentran apuntando hacia ti es usualmente un buen indicativo de que ella se encuentra cómoda contigo y quiere que salgan de allí. Muévete un poco más allá de las piernas y enfócate también en los pies. Si los pies de una persona, o incluso un solo pie, se encuentran orientados hacia ti, esto significa que se encuentran cómodos contigo. Si sus pies apuntan en otra dirección, es una muestra de que la persona se está alistando para irse.

Capítulo 7: Cómo identificar a un mentiroso

La razón por la que algunas personas quieren aprender el arte de leer el lenguaje corporal es para protegerse de la deshonestidad. Varias personas de nuestro alrededor se encuentran tan bien entrenadas en el arte de mentir, que se convirtió en su mecanismo para engañar a los demás. Existe la posibilidad de que podamos perder tantas cosas, como dinero u otras cosas importantes, si nos convertimos en víctimas de los mentirosos y de aquellos que buscan aprovecharse de nosotros.

Hay diferentes grados de mentiras. Está el ligero ajuste a la verdad (la mentira blanca), el ignorar el asunto (mentira por omisión) y la gran mentira (que tiene poco parecido con los hechos). Nos gusta pensar que podemos identificar a un mentiroso o, al menos, saber cuándo aquellos más cercanos a nosotros no están siendo completamente transparentes. La verdad es que la mayoría de las personas dicen al menos una pequeña mentira diaria sin pensarlo dos veces. Este capítulo te dará una idea de lo que verdaderamente estás buscando cuando te encuentres indagando por la verdad.

Las personas mienten, eso es verdad. Hay personas que odian a los mentirosos, a los cuales les cuesta creer cualquier cosa, aunque tengan evidencias que soporten que se trata de la verdad. Estas personas desarrollan el escepticismo; la idea de que ser crítico es mucho mejor que ser engañados por una falsa creencia.

Habitualmente, el mentir comienza cuando somos jóvenes porque tememos al castigo. Este es un mecanismo de defensa contra cualquier daño que nos puedan hacer, por lo que mentir se convirtió en una forma de protegernos. Nuestra mente siempre se predispone a concebir la verdad, para que nuestro cuerpo esté tranquilo, y manda señales en caso de que estemos mintiendo. Algunas de estas señales son las siguientes;

Los ojos son una de las regiones más expresivas de nuestros cuerpos. Aprender a leer el lenguaje no verbal contenido en el comportamiento ocular puede darte una buena ventaja para evaluar el resto del lenguaje corporal de una persona. Entonces, ¿qué es exactamente lo que buscamos en términos de los ojos que revelen una naturaleza engañosa?

Cejas

Las cejas suelen coordinarse con nuestros ojos cuando estamos diciendo la verdad. Usualmente se alzan cuando estamos diciendo algo con convicción y veracidad. Pero tener las cejas bajas significa que estamos ocultando algo y cubriendo nuestros ojos para evitar el contacto con la persona a la que estamos mintiendo.

Debes ser observador a la hora de emitir juicios cuando una persona baja sus cejas. Algunas personas utilizan esta técnica para engañar a otros, al inducirles simpatía hacia ellos. Por esto, detectar a un mentiroso es mucho más difícil, pero no te preocupes, hay otra forma de identificar cuando alguien está mintiendo y aquí está.

Contacto visual

El contacto visual es una habilidad que los

mentirosos compulsivos quienes siempre se toman el tiempo para dominar la misma. De hecho, el lenguaje corporal en general es algo sobre lo que varios grandes embusteros conocen mucho, por lo que puedes creerte el embuste de alguien incluso cuando estás buscando señales de engaño.

Para las personas que no son mentirosos de escala profesional, el contacto visual puede ser una cuestión un poco complicada. Varios de estos amigos – particularmente los desafiantes, que saben que están en un error, pero también saben que tú no puedes probarlo – van a mantenerte la mirada por demasiado tiempo, como si mirarte fijamente a los ojos fuera a romper tu concentración y convencerte de su inocencia. Es su manera de desviar la culpa al darle la vuelta a la situación y decir "¿¡Cómo te atreves a dudar de mí!?". Un mentiroso que se siente avergonzado de sí mismo va a hacer justamente lo opuesto – no será capaz de mirarte a los ojos por más de un segundo o dos.

Pupilas

Mentir le hace cosas interesantes al cuerpo. Cuando una persona sabe que está engañando (y se siente mal al respecto o está preocupado de que lo vayan a pillar), su cuerpo reacciona con un aumento del ritmo cardiaco, aumento de la frecuencia respiratoriay un aumento de la presión sanguínea – todas estas son reacciones humanas al miedo, o la reacción de lucha o huida.

Los cambios físicos que acompañan el mentir preparan a la persona para tomar la decisión ya sea de correr por ello o de luchar hasta la muerte, y se remontan a cuando nuestros ancestros estaban viviendo en cuevas, defendiéndose de los tigres dientes de sable. ¿Cómo se relaciona esta información con los ojos? Bueno, en un esfuerzo por volver tu visión lo más aguda posible (para que en teoría puedas identificar un problema potencial) tus pupilas se dilatan durante la reacción de lucha o huida. Puede parecer que los mentirosos tienen las pupilas del tamaño de un plato– esto, en caso de que puedas llegar a ver sus pupilas en absoluto.

Posición de los ojos

¿Los mentirosos mantienen sus ojos bien abiertos o medio cerrados? Esto parece depender de la personalidad del mentiroso y si cree que se va a salir con la suya con su mentira hacia ti. Los contadores profesionales en las verdades a medias (como las personas encargadas de hacer ventas) son muy cuidadosos manteniendo sus párpados quietos para que no parezca que tienen una mirada ansiosa (con los ojos muy abiertos) o sospechosa (ojos entrecerrados). Alguien que es menos habilidoso al mentir es más propenso a abrir sus ojos para enfatizar su punto y convencerte de su inocencia. Desafortunadamente, esto también puede ser una señal de rabia o nerviosismo, así que no es la forma más fiable de pillar a un mentiroso. Los ojos bien abiertos se suelen usar para enfatizar un punto, pero también pueden ser (FALTA ALGO)

Cara sonrojada

Para comenzar, una cara sonrojada es una señal de nerviosismo o de vergüenza, y algo a lo que los mentirosos poco habilidosos son especialmente propensos. Esta respuesta también se encuentra relacionada con la reacción de lucha o huida, y se exhibe en parches rojos en las mejillas, cuello, espalda e, incluso, en el torso. Estas manchas son usualmente más visibles en las personas de piel blanca. Así que si Dick es de descendencia mediterránea y Jane acaba de regresar a casa toda bronceada después de un crucero por el Caribe, no es probable que tú seas veas a alguno de los dos sonrojarse por la ansiedad.

Frotarse la cara

Puedes pensar que las fosas nasales anchas serían un claro indicativo de la culpabilidad de alguien, pero te equivocarías. Aunque las fosas nasales anchas pueden indicar ansiedad, rabia y una actitud desafiante, lo cual puede experimentarse cuando alguien está ocultando la verdad de ti, estas emociones también pueden ser la reacción válida de la persona al ser acusado por ti.

Así que, ¿debes descartar la nariz en su totalidad cuando estás juzgando la veracidad de una persona, o esta guarda secretos concernientes a la verdad? Si haces una pregunta rotunda a alguien y esta responde frotándose la nariz, este es de hecho un indicativo bastante bueno de que no está siendo honesto. De hecho, tocarse el rostro de cualquier forma, muestra que la persona se está sintiendo un poco ansiosa. (Tocarse está diseñado para calmar los nervios, recuérdalo).

Frotarse en o alrededor de la boca —especialmente un toque persistente mientras la persona te está dando su respuesta— es una tradicional señal de alerta. Esto es un intento de bloquear las palabras falsas que están saliendo de su boca.

La cabeza

Un mentiroso utiliza su cabeza de una manera muy particular. Por ejemplo, si Dick se para frente a ti proclamando su inocencia y agitando excesivamente su cabeza mientras habla, esta es una señal de ansiedad y un indicativo de que algo no está bien con él. Si permanece callado e inclina su cabeza hacia abajo o hacia un lado, ya sea tratando de evadir el contacto visual o pensando en una forma de escoger sus palabras cuidadosamente, ambas indican que algo le pasa. Si lleva una mano hacia la parte de atrás de su cabeza o cuello –otra forma de tocarse– también expresa nerviosismo.

Los Labios no Mienten

Una de las cosas más interesantes que hacen los mentirosos es que dejan que sus bocas se descontrolen. Esto es en realidad una señal verbal, pero vale la pena mencionarlo. Shakespeare escribió, "La dama protesta demasiado, considero yo" – y esto prácticamente lo dice todo. Cuando alguien reacciona a una duda relativamente pequeña parloteando sin parar, es obviamente un intento de convencerte de su inocencia. El fundamento es que cualquiera que se toma el tiempo de defenderse vigorosamente en contra de una acusación menor *debe* estar lleno de moralidad y, por lo tanto, debe sentirse profundamente ofendido por la sugerencia de que él haya hecho algo malo.

El Tono Perfecto

Hay otras señales vocales que indican que una persona no está siendo totalmente frentera, y son todos ellos efectos secundarios de la tensión. El tono de su voz puede estar apagado – usualmente, un tono nervioso es de alguna manera más alto que su timbre habitual. Otro pequeño tic que azota a los mentirosos: carraspear excesivamente la garganta o toser.

La entonación siempre se relaciona con el acto de convencer a los otros. Si la entonación es mucho más baja de lo habitual, esto significa que la persona que te está hablando no está lo suficientemente convencida de las palabras que está diciendo. Si la entonación de la persona es mucho más alta de lo usual esto denota nerviosismo y que quiere que las palabras que está diciendo sean más convincentes.

Los mentirosos suelen encontrarse en la posición de tener una entonación más aguda porque necesitan convencer a las personas de que están diciendo la verdad. Puedes identificar fácilmente el nerviosismo en el tono de voz, por lo que sospecharás que están ocultando algo.

Los mentirosos se encuentran ansiosos debajo de su calmado exterior. No quieren ser descubiertos, y el tamaño de la mentira no importa realmente. Ser descubierto en una pequeña mentira es peor que ser capturado por una falsedad mayor, porque son esas pequeñas mentiras las que hacen que las personas se pregunten por qué mentirías sobre una cosa tan tonta en primer lugar. Mientras tanto, las grandes mentiras realmente tienen una razón de ser y esa es que te estás protegiendo de consecuencias mayores.

Esto no quiere decir que *deberías* mentir en estas circunstancias. La verdad te hará libre – si no de pasar tiempo en prisión, entonces de la ansiedad que te atormentará y se manifestará en tu comportamiento. Un comportamiento nervioso puede exhibirse en las áreas alrededor de y en la boca. Comprimir o morder nuestros labios puede ser un intento inconsciente de mantener las palabras dentro de la boca.

Mostrar la lengua (poner a la vista mínimamente la lengua, que casi se ve como si la persona que se encuentra hablando estuviera lamiendo sus labios) es una señal de incertidumbre, una forma de indicar que la persona no sabe realmente si lo que está diciendo es verdad o mentira. Algunos mentirosos hacen chasquear sus labios repetidamente, lo que es otra muestra del nerviosismo que te están intentando ocultar arduamente.

La Postura lo Dice Todo

Sería tan fácil si los mentirosos vivieran con arreglo a sus nombres – si el engaño causara que las personas adoptaran una posición horizontal.Desafortunadamente, esta no es la manera en que funciona el universo, así que te toca encontrar otras formas de determinar si alguien te está diciendo la verdad o hablando un montón de basura. Leer la posición corporal de la persona en cuestión, es otra herramienta útil en tu kit de detective.

La postura de un mentiroso es una de las cosas que dependen completamente del mentiroso y de qué tan habilidoso sea. Esto quiere decir que debes buscar patrones de comportamiento. Si no conoces a la persona lo suficientemente bien como para determinar si al estar nervioso adopta una postura desgarbada o si siempre tiene una mala postura, entonces te toca hacer un juicio de valor basado en las señales no verbales que está exhibiendo justo ahí, justo en ese momento.

Brazos de Protección

Cuando un mentiroso cruza sus brazos, estos se encuentran ceñidos al cuerpo. Manos escondidas (tener las manos en los bolsillos, por ejemplo) es una señal de engaño. Las manos que están a la vista usualmente no tienen nada que esconder. Los políticos, por ejemplo, se aseguran de siempre mantener sus manos donde todos puedan verlas. Los brazos ansiosos se cruzan estrechamente, lo que tiene sentido, ya que este es un gesto diseñado para calmar los nervios del mentirosoEn realidad, se está dando a sí mismo un pequeño abrazo como una forma decirse que todo va a salir bien.

Inclinación Correcta

Como esperarías, el mentiroso ocasional suele posicionarse lejos de la persona a la que le está mintiendo. Es como si él no pudiera conducirse a encararte, así que se aparta de ti, ya sea ligera o completamente. Inclinar el cuerpo lejos de la otra persona es una forma de evadir el contacto visual. Es más fácil mentirle a alguien si no tienes que mirarlo a los ojos.

Es duro saber que una persona a la que amas te está mintiendo. Aunque se admita o no, la confianza es algo complicado de ganar. Mentir es algo que evitamos a toda costa, pero también es verdad que mentir puede ser una forma de autoprotección frente a un posible daño. Sin importar la razón que tengas, es importante conocer las señales que revelan una mentira, para protegerte de los engaños de otros.

Capítulo 8: Abrir Camino

El liderazgo consiste en la comunicación. Los grandes líderes como Mahatma Gandhi utilizaban gestos manuales cerrados para enviar un mensaje de gentileza y no-violencia. Oradores, ponentes y otras personas que se expresan a través de gestos variados muestran valor. Cuando los gestos son lo suficientemente visibles para la audiencia, se manifiesta poder y dominio.

Los grandes líderes utilizaban el arte del lenguaje corporal para influenciar a otras personas para que los siguieran. ¿Alguna vez te has preguntado por qué las personas aman imitar a otras personas para expresar su admiración por sus líderes? La razón detrás de esto es porque creen que imitar a sus líderes es lo mismo que seguir su ejemplo.

La marca del gran líder es la que puede influenciar el comportamiento y los hábitos de sus subordinados. Por ejemplo, un supervisor en el espacio de trabajo que era conocido por ser un gran planeador para casos de emergencia también era conocido como un gran fumador y amaba pasar el rato con otros empleados. La admiración de sus habilidades influirá sobre otros empleados para que imiten también su hábito de fumar.

Este puede no ser el caso para todo el mundo, pero la mayor parte del tiempo de manera inconsciente estamos adoptando hábitos y gestos de las personas que admiramos más. Las celebridades locales y los políticos son conocidos por convertirse en personas influyentes para sus subordinados. Tienen gestos marcados que otros aman imitar.

Puedes estar preguntándote cómo alguien puede ser un gran líder y una persona influyente al mismo tiempo. ¿Es posible para todos hacer que otros los sigan? Sí es posible. Para convertirte en un gran líder debes saber cómo negociar con otras personas. Sí, la negociación es la clave.

Persuadirlos y hacer creer a los demás en todo lo que dices es el primer paso para convertirte en líder. Los grandes líderes son conocidos por convertirse en grandes negociadores. Siempre encuentran formas para hallar bases comunes con las personas a las que quieren liderar.

El arte de la negociación es simple pero complicado. No es una simple palabra de persuasión, sino una colección de gestos que reflejan también otros gestos. Sí, lo leíste bien; reflejar es la clave para negociar exitosamente. Imitar los gestos de otros transmite la idea de adaptación hacia otras personas.

En el reino animal es sabido que camuflarse o imitar el ambiente es la mejor manera de sobrevivir a la intemperie. No solo protege a los animales del peligro de los depredadores, sino que también les permite adaptarse a las maneras de su especie y tomar nota de que aquel que puede camuflarse, es bien el dominante siempre o el líder del grupo. Está programado en nuestro ADN que los líderes son los que pueden adaptarse bien.

Aquí hay algunas técnicas que puedes usar para negociar e influir a otros también;

Ojos

Estás a punto de presentarle a tu potencial

inversor el producto que crees que tiene una mayor posibilidad de ser exportado si haces que tu presentación sea exitosa. Estás tan nervioso, que a lo largo de la presentación siempre miras hacia abajo porque no quieres que te distraigan, pero desafortunadamente los inversores no se encuentran impresionados y rechazan tu propuesta.

¿Qué está mal en el ejemplo anterior? Usualmente los individuos que quieren convencer a otros deben mantener contacto visual todo el tiempo porque las personas se convencen cuando ven a los ojos de alguien y encuentran la convicción que están buscando. Aprende a leer los ojos de las personas con las que estás hablando, especialmente si estás hablando en una multitud.

Es obvio que probablemente no podrás mirar a los ojos de todos, pero solo el gesto de mirar hacia ellos los hace creer que verdaderamente los estás mirando individualmente. Los ojos te conectan con la persona con la que estás hablando. Te centra y a los otros también. Aunque los otros no te estén mirando aprende a mirarlos directamente porque nosotros siempre tenemos el instinto de saber si alguien nos está mirando o no.

Las personas que no están interesadas suelen tener ojos distraídos ellos están buscando algo en lo que enfocar su atención. Capta su atención al imitarlos también. Imitar es la mejor forma de captar la atención y al divagar con los ojos harás que el otro se dé cuenta que también estás perdiendo la concentración y llamarás la atención de alguien que no te estaba prestando atención.

En el ambiente de oficina mirar a alguien con convicción transmite el mensaje de que lo que estás diciendo es urgente y requiere de atención. Los empleados odian que sus jefes se queden mirándolos fijamente; les da la impresión de que algo no está bien y requiere de atención inmediata.

Expresiones faciales

La cabeza abarca la totalidad de las expresiones faciales y los gestos con la cabeza. A los oradores públicos y líderes les gusta imitar las expresiones faciales de sus subordinados para hacerlos sentir que les están dando la atención que necesitan y en respuesta ellos seguirán lo que estos les digan.

El simple gesto de sonreír hará que el otro se sienta recibido y lo convertirá en un posible seguidor. Los políticos aman sonreír en público para proyectar un aura de receptividad y buen liderazgo. Las personas odian a los individuos de mirada severa. Esto les da la sensación de intranquilidad e incomodidad.

Un gerente que siempre sonríe crea un ambiente de trabajo ligero y cómodo y genera la sensación de receptividad y crecimiento para todos. Las expresiones faciales te convertirán o destruirán como líder.Las personas deciden su apertura hacia ti dependiendo del tipo de expresión facial que sueles mostrarles.

La mejor manera de hacer que otros se sientan cómodos cuando se encuentran a tu alrededor es aprender a adoptar la expresión facial que tus subordinados suelen usar. De esta manera, les hace sentir que eres un líder que los comprende y no un jefe que solo está ahí para hacerlos sentir incómodos.

Manos y Brazos

Las manos y los brazos juegan un papel importante en negociar e influir en otros. Como se ha dicho en los capítulos anteriores, las manos significan intimidad y conexión con otras personas, mientras los brazos exhiben protección y fuerza. Los grandes líderes conocen estas técnicas muy bien. Las personas necesitan conectar con sus líderes para hacerlos sentir importantes.

Un simple saludo por parte de la Reina Elizabeth desde su carro en un desfile en la multitud ya es suficiente para hacer que otros se sientan importantes. Esto también es cierto para cualquier líder en el mundo, un simple apretón de manos da una sensación arrolladora a sus subordinados. La razón detrás de esto es que las manos transmiten la noción de conexión y sinceridad, y es vital hacer que otros se sientan conectados contigo.

Abrazar es un gesto poderoso de intimidad. Los líderes que aman abrazar a sus subordinados son conocidos por ser vistos como líderes justos y misericordiosos. Cargar a un niño e incluso abrazar a los ancianos envía un poderoso mensaje de amor y de ser un líder altamente respetado. Este es un método común para persuadir a otras personas, y hacerles creer que eres una persona en la que pueden confiar y un líder que los guiará en el camino de la justicia y la igualdad.

Liderar es un trabajo difícil. Toma talento y también habilidades. Las personas se dan cuenta de la realidad de que no es suficiente el ser una persona que sólo da órdenes, sino que se requiere ser alguien que conoce las necesidades individuales de cada persona, además de transmitir conexión y entendimiento. Utilizar el lenguaje corporal como tu ventaja es crucial para conseguir la confianza de los demás y persuadirlos de seguirte.

Capítulo 9: Lenguaje Corporal en el Trabajo

¿Qué pasa si tienes un trabajo remunerado, pero solo estás pasando el tiempo en la compañía? No estás siendo ascendido; nadie parece notarte a ti o a tus contribuciones; y estás comenzando a preguntarte si alguien siquiera se daría cuenta si no llegaras a trabajar.

Mientras tanto, tu compañero de trabajo está disparando su carrera en el escalafón profesional. Antes de que comiences a lanzar acusaciones, échale un vistazo al lenguaje corporal de tu colega. Tal vez, podrías aprender un par de cosas de tu compañero de trabajo.

Puedes pensar que eres una mejor persona que tu compañero, y puede que estés en lo cierto. No obstante, ser más amable no hace que asciendas en el mundo laboral – ser el mejor trabajador sí. Y muchas veces ni siquiera tienes que ser el mejor trabajador, solo tienes que saber cómo proyectar la imagen de que lo eres. De nuevo, esto se refiere a transmitir tu confianza y una actitud positiva. Camina bien erguido. Siéntate recto. Conoce cómo debes verte para hacer que parezca que estás escuchando a los demás.

Cultiva los apretones de manos profesionales. Mira a las otras personas a los ojos. Sonríe. Todas estas señales del lenguaje corporal hacen que te veas interesado y accesible – como alguien que está dispuesto a intervenir y ayudar en cualquier oportunidad. Las posibilidades son que tu compañero de trabajo sabe cómo proyectar estas características sin verse fingido. Se ve como si supiera lo que está haciendo, así que otras personas asumen que así es.

¿Qué tipo de lenguaje corporal te afecta en la oficina? Cualquier acción que hagas que se vea brusca, insegura o sin interés, como:

- Una mala postura
- Mal contacto visual
- Un apretón de manos débil
- Cualquier gesto de nerviosismo, como jugar con tus manos, o sacudir tus pies.

Ahora, échale otro vistazo a Stan. Él se para erguido, se preocupa de hacer contacto visual con la gente, da un apretón de manos como si se estuviera lanzando al Senado … ¿Puedes ver la diferencia? Tu compañero se ve como un puerto en la tormenta, como el tipo al que puedes acudir cuando algo anda mal en la oficina.

El trabajador que nunca hace contacto visual y huye de otras personas con su lenguaje corporal va a pasar desapercibido todo el tiempo, incluyendo los tiempos de crisis, que es cuando se forjan los líderes. Ahora, aquí está la parte importante: Cuando se presentan dos actuaciones iguales en el trabajo, un jefe va a escoger a la persona que le caiga mejor. Y es probablemente más fácil que te agrade alguien como tu compañero porque les da a todos una amplia oportunidad de verlo hacer su impresionante camino a través de la oficina. No es justo, pero sucede todo el tiempo. Debes saber cómo jugar el juego de Stan si quieres ascender en tu sitio de trabajo.

Camino del Éxito

Hay lenguaje corporal que hará que seas ascendido, lenguaje corporal que hará que te ignoren, y lenguaje corporal que hará que te despidan. Todo el mundo sabe que algunos gestos – como los gestos obscenos de cualquier clase—son profundamente inapropiados en el espacio de trabajo. Pero hay algunas señales del lenguaje corporal que se encuentran en zonas grises. Técnicamente no son ofensivos, pero hay algo sobre ellos que hace que otras personas se sientan incómodas. Estos pueden incluir cosas como:

- Contacto visual prolongado
- El uso excesivo de las manos para enfatizar algo
- Suspirar o carraspear la garganta en exceso
- Andar todo el día como el ceño fruncido
- Tocar a alguien de manera constante o prolongada

Ahora, el último punto en la lista puede encontrase dentro de un área legal, dependiendo de quién está ejerciendo el contacto y dónde. Las otras acciones, sin embargo, pueden ser percibidas simplemente como un poco escalofriantes. Te das cuenta de estas cosas cuando las ves – el colega que nunca mira hacia otro sitio cuando te habla; la compañera que agita sus brazos como alas cuando está emocionada por algo; la persona que siempre se ve molesta.

De nuevo, el empleado exitoso se lleva bien con todos en la oficina y parece dispuesto a intervenir en cualquier proyecto o problema. Esto no es para decir que alguien que no conoce del contacto visual apropiado es una mala persona, pero puede hacer que otros se sientan nervioso, lo que resulta en que sus compañeros de trabajo lo eviten.

Ya sea para mejor o para peor, el lenguaje corporal tiene un marcado efecto en las interacciones en el mundo laboral. Es un mundo competitivo ahí fuera, pero tú no debes unirte a los chismes y las puñaladas por la espalda que se desenvuelven en demasiadas oficinas para poder conseguir un ascenso. Aprendiendo a comportarte como un verdadero profesional, creas una impresión distintiva respecto a las personas a tu alrededor, incluyendo tus jefes.

Párate erguido, da un apretón de manos firme, y has contacto visual, sin importar cuan extrañas te parezcan estas acciones en un principio. Nadie recuerda a una persona apagada – utiliza tu lenguaje corporal para volverte visible, memorable, apto para contratar y ascendido.

Recordaras de antes, que tener las palmas de las manos hacia arriba es un gesto amistoso; las palmas hacia abajo indican que se trata de un orador cerrado, que no está abierto a nuevas ideas. Alguien que te ofrece la mano con la palma hacia abajo te está diciendo que él es el líder de la oficina. Este es el tipo de gesto que el presidente de la compañía podría usar cuando conoce a sus subordinados.

Si alguien te ofrece su mano con una posición con la palma hacia abajo, está bien ofrecerle la tuya en posición vertical y esperar a que te salude (a no ser que sea tu jefe). Lo chistoso es que las personas particularmente agresivas tomarán tu mano e intentarán darle la vuelta para que quede con la palma arriba cuando la sacudan. Sigue adelante y combate el giro, y no te sientas ni un poco extraño sobre la lucha de muñecas en la que estás participando.

Simplemente estás protegiendo tu postura. ¿Es malo ofrecer tu mano con la palma hacia arriba? No si eres supremamente confiado y/o en una posición de poder para comenzar. Esto es de hecho visto como un gesto de humildad y lo más seguro es que hará que la otra persona se sienta más cómoda en tu presencia.

Has visto a los hermanos y amigos hombres estrechar sus manos y simultáneamente darse palmaditas en la espalda – obviamente, una forma de decir "¡Estoy muy feliz de verte!" ¿Está este gesto reservado para encuentros personales?

Una palmada en el hombro, junto con tomar el codo, es casi siempre una expresión de buena voluntad. Es una forma de expresar genuina felicidad de ver a la otra persona sin entrar en el territorio del abrazo (aunque a veces la palmada en el hombro es el preludio al abrazo, especialmente entre los parientes masculinos o amigos).

Aquí hay un sutil movimiento que usualmente le sigue al apretón de manos y es fácil pasar por alto: Digamos que estás terminando una reunión con un colega. Se dan la mano y cuando te das la vuelta para salir por la puerta, él camina contigo poniendo su mano en tu hombro. Este es un gesto condescendiente, uno que sugiere que tú eres el subordinado en esa situación.

Si trabajas con alguien que es propenso a hacer el toque condescendiente del hombro, muévete fuera de su alcance después del apretón de manos. Cuando hace esto contigo alimenta su propia percepción de que se encuentra más arriba en el escalafón que tú, por decirlo de alguna manera, lo que puede no significar nada en el mundo real, pero no tiene sentido alimentar el ego de esta persona.

Puede que no te moleste el toque del hombro, pero no quieres que otra persona comience a creer que tiene algún tipo de control sobre ti. Quieres que sepa que tú eres una fuerza con la que se puede contar cuando las cosas se ponen feas.

Evitar su intento de intimidar es una gran forma de transmitir este mensaje de manera fuerte y clara.

Un papel bien jugado

Todos hemos visto personas que son menos talentosas que sus compañeros de trabajo ganarse una gran promoción. Naturalmente, los compañeros y colegas intentan descifrar el por qué. ¿Cómo es posible que esta persona que está escasamente calificada para el puesto en el que estaba ha subido a una posición que verdaderamente no merece? Bueno, esta persona, aunque puede que no sea apta para desempeñar la labor para la que fue contratada, probablemente conoce el juego de la oficina y lo juega bien – y una gran parte del juego involucra el lenguaje corporal.

Las posibilidades son que es un maestro proyectando una actitud positiva, un comportamiento alegre, y conoce exactamente dónde y cuándo situarlo para que parezca que se encuentra involucrado en más de lo que verdaderamente está. E igual de importante, sabe cómo mantenerse alejado de insignificantes políticas de la oficina. Aunque nos mate admitirlo, él está haciendo algo bien – algo de lo que el resto de nosotros podría aprender. Prueba estos trucos del lenguaje corporal para representar una actitud positiva en la oficina, y mira qué pasa.

- Muestra interés en las reuniones, aunque sientas que el tema es una pérdida de tiempo.
- Siéntate derecho, abre tus ojos, y has contacto visual con la persona que está hablando. Asume que habrá algo interesante en lo que va a decir y asegúrate de parecer que de hecho estás interesado.

- Vuélvete más visible. Abre la boca y has preguntas en las reuniones, los oradores y empleados aman saber que las personas están escuchando e interesadas.
- Se amistoso y feliz. Tómate el tiempo de sonreír cuando saludas a una persona.
- Cuando las personas están conversando contigo, inclina tu cabeza hacia un lado, has contacto visual y asiente de vez en cuando. Ganarás muchos aliados solo pareciendo que eres bueno escuchando.
- Pierde la mansedumbre. Párate derecho y utiliza un paso confiado cuando camines por la oficina. Está bien verse como si supieras exactamente lo que estás haciendo, aunque no lo sepas.
- No dejes que nadie te mire por encima del hombro – literalmente. Digamos que alguien para en tu escritorio para darte instrucciones de un proyecto y esto claramente va a tomar un par de minutos. Invita a esa persona a

sentarse, o párate para estar a la altura de sus ojos. La persona que es físicamente más alta en una conversación es considerada dominante.

Si estás intentando ganar una promoción, este no es un compromiso de un sólo día; es un pequeño cambio de estilo de vida. Pero no te preocupes. Por un lado, puedes morderte la lengua todo el día y, por otro, una vez salgas de la oficina, puedes dejartodo salir.

Capítulo 10: Úsalo en tu Beneficio

Todo el mundo quiere el aumento, la promoción y el nuevo carro, pero tú sabes que toma tiempo y, a veces, toma más tiempo del que estás dispuesto a esperar. Sabes que la vida se trata de dar y recibir, pero debe haber algo que se pueda hacer para que recibas un poco antes.

Utilizar las señales en tu favor comienza con la empatía; tienes que situarte en los zapatos de la otra persona para entender sus necesidades. Recuerda un momento en el que hayas estado en su posición, así podrás fácilmente reflejarlo y podrás construir una conexión con este individuo.

Una vez que te hayas puesto en sus zapatos, serás capaz de entender cuáles son las motivaciones de la otra persona. Saber lo que él o ella quiere te ayudará en tu camino al éxito porque, serás capaz de deliberadamente utilizar tu lenguaje corporal para reflejar las motivaciones de esa persona.

Ganar Confianza

Durante los 10 primeros minutos de conversación con un completo extraño, el 60 por ciento de las personas tenderán a mentir. Las personas también tienen característica preprogramadas que los hace esperar que las otras personas digan la verdad, especialmente durante el primer encuentro.

Detectar la verdad de manera acertada sucede solo en un 67 por ciento del tiempo, y detectar una mentira solo sucederá 44 por ciento del tiempo. Cuando utilizas tus señales para parecer más confiable hacia alguien, conseguirás que él o ella quiera hacer negocios contigo, lo que en última instancia puede beneficiarlo/a y a ti y a tu compañía.

A lo largo de este libro, te enseñaré cuáles son algunas de las indicaciones para convertirte en una persona de confianza. Alentar la realimentación, escuchar, hacer contacto visual directo, sonreír para mostrar tu apreciación, y moverte más cerca de una persona durante una conversación pueden indicar fiabilidad, pero hay otras señales, como: mantener tus pies apoyados sobre el suelo, tener una postura recta, apuntar con tus pies en dirección a la persona con la que estás hablando, asentir cuando estás diciendo puntos positivos, sacudir tu cabeza cuando estás transmitiendo puntos negativos y hacer un ocasional encogimiento de hombros.

Para hacer que estas señales se vean naturales necesitas practicarlas. Incluso puedes practicar tu lenguaje corporal para que coincida con tus palabras. Trata de anticipar cualquier pregunta que tus compañeros de trabajo puedan tener después de que realices una presentación o lo que tu jefe va a decir cuando no hayas completado tu trabajo, y practica tu respuesta – tanto verbal como no verbal.

Motiva a Otros

Cuando eres un gerente o un ejecutivo, necesitas saber cómo motivar a otros. Sacerdotes, políticos e incluso los hombres de negocios que dan discursos, conocen el poder de la motivación. Si quieres ser un poderoso estandarte, necesitarás ser capaz de motivar a otros para que te sigan. Las personas participarán en marchas por medio de la ciudad para que sus voces sean escuchadas respecto a un asunto que les apasiona.

Esto es porque saben que el elemento clave para infundir un cambio es: la motivación. Asimismo, los oradores motivacionales tratan de infundir este mismo tipo de cambio – dándole a las personas el incentivo que necesitan. Usualmente, las señales no verbales serán utilizadas por estas personas para crear motivación. Una de las mejores indicaciones que puedes utilizar para generar motivación en el espacio de trabajo es acelerar el ritmo del discurso, variar el tono de tu voz, tener gestos de lenguaje corporal abierto, incluyendo las palmas de las manos abiertas, contacto visual constante y una sonrisa genuina. Pero debes saber cómo utilizar estos gestos no verbales de manera gentil y firme al mismo tiempo.

Aunque quieras parecer en control, aún debes dar la sensación de que te importa lo que las otras personas sienten.

Recuerda que debes ponerte en sus zapatos. Si quieres que alguien se quede hasta tarde trabajando o haga un encargo extra, entonces debes motivar a la persona para que quiera hacerlo, no presionarlo para que lo haga. Cuando estás intentando motivar a una persona, lo primero que debes hacer es consolidar una relación. Después de eso, deberías situarte un poco más cerca de la persona, mirándola a los ojos y pedir el favor que necesitas con las palmas de las manos y los brazos abiertos.

Una vez que hayas hecho esto, espera a ver cuál es su reacción. Si su postura se torna sumisa, evita el contacto visual, sus hombros se desploman o la persona se aparta de ti, entonces la has presionado. Estas son las señales que no quieres ver, así que debes volver a entablar la conexión con esa persona e intentar motivarla nuevamente. Sabrás cuando tus tácticas motivacionales hayan funcionado porque verás una mirada de orgullo con una sonrisa genuina. Después de motivar de manera exitosa a alguien, él o ella sentirá que fue su idea, y se sentirán más que felices de hacer el trabajo extra.

Conclusión

Todos los días nos comunicamos con otras personas. Es esencial que nos conozcamos a nosotros mismos y a los demás. Siempre nos encontramos con palabras no dichas que debemos descifrar para tener una relación más sana y enriquecedora con los demás.

La comunicación no verbal es esencial en nuestras interacciones diarias. Nos da atajos para expresarnos de una manera que requiere poca elaboración de palabras y explicación a otras personas. A medida que avanzábamos en este libro, descubrirás el profundo significado de por qué hacemos lo que hacemos y por qué ciertas cosas se hacen de una manera que no podemos comprender.

Una lectura correcta del lenguaje corporal nos puede ayudar a interpretar a los otros y comprender el mensaje que quieren transmitir. También nos ayuda a protegernos de los mentirosos y de las personas que buscan aprovecharse de nosotros. Aprender el arte de descifrar el lenguaje corporal nos salva de desengaños y del dolor de la mentira.

Hay diferentes maneras de interpretar el lenguaje corporal, pero debemos ser cuidadosos al transmitir cualquier criterio a los demás. A veces, el lenguaje corporal es malinterpretado debido a la formación de hábitos. Es esencial, considerar los diferentes factores que rodean nuestro comportamiento como los antecedentes familiares, condiciones metales o muchos otros.

Al final, el lenguaje corporal es una parte esencial para volver nuestra comunicación más significativa. Aprende lo básico de este libro y úsalo para enriquecer las habilidades comunicacionales que tienes, para que puedas ser una persona que conoce las ventajas del lenguaje corporal empleándolas para tu propio éxito.

www.ingramcontent.com/pod-product-compliance
Lightning Source LLC
Chambersburg PA
CBHW071849070526
44583CB00016B/1615